GRANDS TEXTES
MÉTHO

Collecti

LA DISSERTATION

Georges-Vincent Fournier

LES ÉDITIONS
CEC

9001, boul. Louis-H.-La Fontaine, Anjou (Québec) Canada H1J 2C5
Téléphone: 514-351-6010 • Télécopieur: 514-351-3534

Directeur de l'édition
Alexandre Stefanescu

Directrice de la production
Lucie Plante-Audy

Chargée de projet
Nicole Beaugrand Champagne

Conception et réalisation graphique
Michel Allard

Consultants
Jacques Lecavalier, Sylvie Pelletier

© 1998, Les Éditions CEC inc.
9001, boul. Louis-H.-La Fontaine
Anjou (Québec)
H1J 2C5
☎ 514-351-6010

Dépôt légal : 2ᵉ trimestre 1998
Bibliothèque nationale du Québec
Bibliothèque nationale du Canada

ISBN 2-7617-1529-2

Imprimé au Canada
5 6 7 8 9   17 16 15 14 13

PRÉSENTATION

La dissertation présente une démarche concrète qui assiste l'élève dans la préparation et la rédaction d'une dissertation produite en milieu scolaire.

La méthode proposée guide et accompagne l'élève de l'analyse d'un sujet à la révision finale de la rédaction : chaque étape explique simplement la **théorie**, donne des **exemples** évidents et offre des **exercices** qui vérifient le degré de compréhension de la théorie et confirme l'acquisition des habiletés.

L'apprentissage que nous proposons repose sur l'unité de base de la dissertation, le paragraphe. Le paragraphe est défini comme un ensemble de phrases dont chacune a une fonction et une place précise. Cette division de l'apprentissage permet de repérer et de **circonscrire facilement les difficultés** qu'éprouvent les élèves. Cette méthode permet surtout au professeur de planifier **une stratégie d'apprentissage individualisé**, assurant à chaque élève un cheminement sûr vers la réussite.

La dissertation est un des exercices les plus fréquemment utilisés pour évaluer les élèves en fin de programme. En suivant le cheminement proposé, l'élève pourra acquérir la maîtrise de la dissertation. Ainsi, c'est avec assurance et confiance qu'il pourra affronter les principales épreuves scolaires.

TABLE DES MATIÈRES

Chapitre 1

PRÉSENTATION

QU'EST-CE QU'UNE DISSERTATION ?

Définition étymologique

Dissertation provient de deux mots latins, le verbe *disserere* et le nom *dissertatio*. Ces deux mots suggèrent les notions suivantes : discourir, développer une idée ; soumettre un objet à la pensée en vue de l'étudier et de l'exposer.

Définition générale

La dissertation est l'examen critique et analytique d'une question portant sur la littérature, sur la philosophie, sur l'histoire ou sur l'un des domaines propres aux sciences humaines.

Définition descriptive

La dissertation est un exercice scolaire consistant à développer un sujet de façon raisonnée et logique.

Le sujet doit être **présenté**, **posé** et **divisé** en introduction.

Chaque élément du développement est étudié dans un **paragraphe** spécifique exposant des **arguments** rigoureux appuyés sur des preuves provenant de faits ou d'**exemples** puisés dans la matière délimitée par le sujet.

Le développement conduit à une conclusion qui fait la **synthèse** des principaux arguments, **répond à la question** ou au problème posé en introduction et dégage, enfin, **le sens général** du travail.

QUELLES SONT LES EXIGENCES DE LA DISSERTATION ?

Un discours logique

La dissertation n'est
pas une accumulation
de remarques plus
ou moins perti-
nentes.

La dissertation est le développement systématique d'une idée. L'élève soumis à cette épreuve cherche les causes et les effets ; il analyse, il explique, il déduit, il prouve ; il met de l'ordre, de la nuance et de l'équilibre dans le développement de ses idées ; il organise de façon logique les différentes parties de son développement.

Un discours démonstratif

Dans la dissertation, tout découle de la nécessité de prouver et de démontrer. Il s'agit d'intégrer les faits et les arguments dans un ordre systématique à l'intérieur d'un raisonnement serré. La règle suprême de ce discours est la rigueur de l'argumentation et la cohérence des informations.

Un discours raisonné

La pratique de la dissertation habitue l'esprit à la logique et au raisonnement, à l'enchaînement des idées et à leur valeur relative, à la clarté et à l'ordre. Elle exige à la fois précision et nuance dans l'organisation de la pensée et dans le jugement.

Une rédaction soignée

La dissertation vise la clarté de l'expression. Elle exige un vocabulaire riche, exact et varié.

La phrase, simple ou complexe, est au service d'une communication économique et efficace.

La gradation des illustrations, des arguments et des parties répond aux exigences d'une logique transparente.

Les preuves qui appuient le discours sont choisies pour leur évidence et pour leur intérêt.

QUELS SONT LES DIFFÉRENTS TYPES DE DISSERTATION ?

Il existe trois grands types de dissertation : la dissertation explicative, la dissertation critique et l'essai littéraire. Le type de dissertation peut vous être imposé. Vous pouvez aussi devoir le déduire de l'énoncé du sujet.

La dissertation explicative

La dissertation explicative est un exposé écrit, raisonné et articulé dont le but est de démontrer l'exactitude d'une prise de position affirmée de façon explicite dans le sujet imposé.

L'élève adopte le point de vue donné et démontre qu'il peut le comprendre en l'expliquant à l'aide de la matière et des textes délimités par le sujet.

Cet exposé permet d'évaluer la capacité de lecture, d'analyse, de synthèse, d'organisation et d'écriture de l'élève.

Consignes souvent retrouvées dans l'énoncé des sujets : montrer, illustrer, justifier, expliquer, dégager, décrire, démontrer.

EXEMPLES DE SUJET :

> *Montrez comment Ringuet, dans* Trente Arpents, *présente, à travers le cheminement d'Euchariste Moisan, le passage de l'agriculture à l'industrialisation dans la société québécoise de la fin du XIXᵉ siècle.*

La dissertation est un discours construit et organisé de façon systématique dont le but est de répondre à la question que pose le sujet.

Dans Bonheur d'occasion, *Gabrielle Roy montre que chacun est libre d'échapper à son Destin. Justifiez cette affirmation par l'étude des personnages de Florentine Lacasse et de Jean Lévesque.*

La « passante » représente un symbole que vous expliquerez en établissant les ressemblances et les différences entre les sonnets « À une passante » de Charles Baudelaire et « La passante » d'Émile Nelligan.

La dissertation critique

La dissertation permet d'évaluer la capacité, chez l'élève, d'exprimer sa pensée avec logique et clarté.

La dissertation critique est un exposé écrit, raisonné et articulé sur un sujet imposé dans lequel un point de vue, qui porte à discussion, est exprimé.

Dans cet exposé, l'élève doit prendre position sur le sujet, soutenir son point de vue à l'aide de preuves et d'arguments tirés de ses connaissances littéraires et des textes proposés. L'élève doit être capable de confronter des points de vue différents, il doit **critiquer** l'affirmation proposée, c'est-à-dire en **examiner** la valeur logique, **prendre position** par rapport à cette assertion et **défendre** son point de vue. L'élève peut confirmer, infirmer ou nuancer l'opinion émise dans le sujet.

Cet exposé permet d'évaluer la capacité de lecture, d'analyse, de synthèse, d'organisation et d'écriture de l'élève.

À ces qualités s'ajoutent celles de pouvoir **comparer** différents objets d'étude afin d'en évaluer les similitudes et les différences par rapport au thème précis du sujet.

Enfin, l'élève doit être en mesure de **porter un jugement** sur la valeur relative des éléments comparés.

Consignes souvent retrouvées dans l'énoncé des sujets : comparer, discuter, évaluer, estimer, apprécier, juger, critiquer, étudier ces deux affirmations..., est-il vrai que... ?

EXEMPLES DE SUJET :

La littérature engagée est-elle une littérature populaire ? Justifiez votre réponse à l'aide de L'Afficheur hurle *de Paul Chamberland et du poème « Melancholia » de Victor Hugo.*

Est-il juste d'affirmer que, dans Germinal, *l'étude réaliste de deux familles d'origines sociales diamétralement opposées permet à Zola d'illustrer le déterminisme social tel qu'on le comprenait en France à la fin du XIXe siècle ?*

On dit souvent que la poésie est porteuse d'espoir. Le poème « Au ras de la terre » de Gatien Lapointe et la chanson « Maudit pays » de Georges Dor vous amènent-ils à cette conclusion ?

L'essai littéraire

L'essai littéraire est un exposé écrit, raisonné et articulé sur une question générale dont le sujet sera à circonscrire et à préciser par l'élève. Ce dernier peut avoir à formuler lui-même le sujet.

C'est un sujet ouvert qui propose une large piste de réflexion. L'élève doit choisir le point de vue qu'il adopte et la matière sur laquelle porteront ses recherches.

Ce type de sujet propose un thème général sans imposer un angle précis d'étude. Il se limite à suggérer, de façon plus ou moins précise, le thème de la réflexion. L'élève doit faire preuve d'imagination et d'invention tant par rapport au sujet que par rapport à la documentation qu'il traite.

Le sentiment personnel ou le point de vue subjectif, exposé de façon rationnelle et systématique, n'est pas exclu : il doit toujours s'appuyer sur une forte documentation générale. Le cas échéant, les expériences vécues par l'élève ne viennent qu'appuyer ou renfoncer l'argumentation.

EXPLIQUER, JUSTIFIER, ARGUMENTER, DÉMONTRER, INTÉRESSER, CONVAINCRE.

Cet exposé permet d'évaluer la **créativité** de l'élève, la qualité et la richesse de sa **culture**, ses qualités d'expression, sa force d'argumentation, la justesse et la pertinence de sa **réflexion**.

Consignes fréquentes : le sujet présente un thème très général que l'élève traite librement tel le héros, la guerre, la mort, l'amour, la liberté, le bonheur, etc. Parfois encore, le sujet donne une citation que l'élève a pour tâche de commenter ou de discuter. On peut aussi y retrouver les directives suivantes : étudier, examiner, explorer, interroger, scruter, commenter, discuter, débattre, répliquer à, que pensez-vous de... ?

EXEMPLES DE SUJET :

Jugez-vous que la poésie d'Émile Nelligan est symboliste ou romantique ?

Commentez cette définition que Stendhal donne dans Le Rouge et le Noir *: « Un roman est un miroir qui se promène sur une grande route. Tantôt il reflète à vos yeux l'azur des cieux, tantôt la fange des bourbiers de la route. »*

Que penser d'un écrivain qui laisse transparaître son engagement social ou politique dans ses œuvres ?

EXERCICE 1

À quel type de dissertation appartient chacun des sujets suivants ?

SUJET 1 :   Commentez cette affirmation de Marcel Pagnol :
« Le grand public vient au théâtre pour se faire des songes ; il n'y vient pas pour retrouver, sous sa forme prosaïque, la morne réalité. »

SUJET 2 :   Peut-on affirmer que, dans *Au retour des oies blanches* de Marcel Dubé, la mère et la fille sont victimes du destin ?

SUJET 3 :   Démontrez qu'Émile Zola, dans *Germinal,* et qu'Albert Laberge, dans *La Scouine,* jettent sur l'existence le même regard noir propre aux naturalistes.

Justifiez votre choix en trouvant, dans le texte théorique qui précède, la phrase qui confirme votre réponse.

HABILETÉS À DÉVELOPPER

1. L'élève doit savoir **lire** (comprendre et analyser) les documents d'un corpus de recherche ou d'un ensemble de données d'observation.

2. Dans l'ensemble de la documentation qui lui est proposée, l'élève doit **choisir** (discriminer) ce qui convient au sujet de l'exposé qui lui est imposé ou qu'il a choisi.

3. L'élève doit **interpréter** (signifier) cette information de telle sorte que son lecteur en voie la pertinence et l'importance relative.

4. L'élève doit **ordonner** (hiérarchiser) ces informations dans une unité de signification cohérente.

5. L'élève doit **communiquer** (rédiger) ces informations dans un discours ordonné.

Tableau 1
TYPOLOGIE DE LA DISSERTATION

TYPES	DÉMARCHES	COMPÉTENCES	SUJETS
Dissertation explicative	montrer illustrer justifier expliquer dégager décrire démontrer	lecture analyse synthèse organisation argumentation écriture	*Dans Bonheur d'occasion, Gabrielle Roy montre que chacun est libre d'échapper à son Destin. Justifiez cette affirmation par l'étude des personnages de Florentine Lacasse et de Jean Lévesque.*
Dissertation critique	comparer discuter évaluer estimer apprécier juger critiquer est-il vrai que... ? est-il juste de prétendre que... peut-on conclure que... peut-on affirmer que...	lecture analyse synthèse organisation argumentation comparaison évaluation jugement écriture	*Est-il juste d'affirmer que, dans Germinal, l'étude réaliste de deux familles d'origines sociales diamétralement opposées permet à Zola d'illustrer le déterminisme social tel qu'on le comprenait en France à la fin du XIXᵉ siècle ?*
Essai littéraire	étudier examiner explorer interroger scruter commenter discuter débattre répliquer à... que penser de... ?	lecture analyse synthèse organisation argumentation comparaison évaluation culture réflexion personnelle créativité écriture	*Que penser d'un écrivain qui laisse transparaître son engagement social ou politique dans ses œuvres ?*

Chapitre 2

LE SUJET

QU'EST-CE QU'UN SUJET ?

Le sujet est un court énoncé que l'on soumet à l'élève afin qu'il exerce sa pensée et sa réflexion sur un thème donné.

Le traitement du sujet permet à l'élève de démontrer ses talents d'analyse, sa capacité d'organiser sa pensée et ses aptitudes à communiquer par écrit les résultats de sa réflexion.

EXEMPLE :

> *On dit souvent que la poésie est porteuse d'espoir. Le poème de Gatien Lapointe et la chanson de Georges Dor vous amènent-ils à cette conclusion ?*
>
> *Vous soutiendrez votre point de vue à l'aide d'arguments cohérents et convaincants et à l'aide de preuves relatives au contenu et à la forme des textes proposés, preuves puisées dans ces textes ainsi que dans vos connaissances littéraires pertinentes.*
>
> *Textes : Le poème « Au ras de la terre » de Gatien Lapointe et la chanson « Maudit pays » de Georges Dor.*

COMMENT ANALYSER UN SUJET

Le sujet comporte essentiellement trois parties.

Un **thème**, qui peut être une idée à expliquer, une question à étudier ou un jugement à évaluer.

- *On dit souvent que la poésie est porteuse d'**espoir**.*

N'oubliez jamais le sujet et la question qu'il soulève : à chaque étape de votre dissertation, vérifiez que vous traitez le sujet, rien que le sujet et tout le sujet.

Des **consignes**, qui vous suggèrent ou vous imposent des contraintes de travail.

- *Vous soutiendrez votre point de vue à l'aide d'****arguments cohérents et convaincants****.*

- *Vous soutiendrez votre point de vue à l'aide de ****preuves*** *relatives au ****contenu*** *et à la ****forme*** *des textes proposés.*

Un **objet** de recherche et d'analyse qui limite votre champ de documentation à certains textes, à une période ou à un genre littéraire.

- *À l'aide de preuves puisées dans le ****poème*** *« ****Au ras de la terre*** *» et dans la ****chanson*** *« ****Maudit pays*** *».*

- *À l'aide de preuves puisées dans vos ****connaissances littéraires****.*

COMMENT COMPRENDRE UN SUJET

Saisir l'objectif du sujet

Lire et relire le sujet retenu. Il vous faut absolument éviter de passer à côté du sujet ou de passer à côté d'un aspect important de son développement.

Vous encerclez les mots clés du sujet, ceux qui expriment, sans équivoque, ce sur quoi portera votre travail.

Dans le sujet que nous avons donné en exemple plus haut, les mots clés sont **espoir** et **poésie**. Ces deux éléments du sujet doivent se retrouver, comme tels ou en des termes analogiques, tout au long de votre travail. Ils ne doivent jamais quitter votre esprit. Ils constituent les termes essentiels de l'idée directrice de votre développement.

Dégager le point de vue

Dégagez avec précision le point de vue que soutient ou sous-entend le sujet. C'est ce que vous aurez à étudier, à démontrer ou à discuter.

Bien comprendre toute l'étendue de votre sujet. En établir aussi les limites.

L'opinion est donnée simplement ici : la lecture de la **poésie** amène souvent le lecteur à **envisager l'avenir avec confiance**. L'adverbe « souvent » laisse voir cependant que cette affirmation peut être nuancée ou même mise en doute.

Dans un sujet, distinguez clairement le domaine général auquel il réfère et le problème particulier que vous aurez à analyser.

La poésie est le **domaine général** que vous devez considérer. L'espoir est l'aspect particulier à explorer, le **point de vue** à privilégier dans votre étude.

Reformuler le sujet

Reformulez le sujet sous forme d'une question simple et précise. Chaque partie de votre travail, chaque argument et chaque preuve devront répondre à la question que vous avez ainsi posée. Celle-ci deviendra le fil conducteur de votre analyse et l'**idée directrice** de votre dissertation.

Une analyse rigoureuse du sujet corrige vos premières impressions et rectifie vos préjugés.

Sous une forme plus élégante et plus littéraire, cette question devrait apparaître dans votre introduction et votre conclusion devrait y répondre.

La question que pose le sujet donné plus haut pourrait être la suivante : « *Est-ce que la poésie est toujours porteuse d'espoir ?* »

Lors d'un examen, d'un test ou d'une épreuve, se méfier d'un sujet que l'on a déjà traité, qui a été étudié en classe ou développé dans un manuel. Il est **très rare** que les sujets soient absolument identiques. Souvent, le point de vue, les consignes, les textes diffèrent. Une simple nuance peut modifier du tout au tout le sens d'un sujet, d'un thème ou d'un point de vue.

Dans un premier temps, oubliez les sujets que vous avez déjà étudiés ; concentrez-vous sur l'étude systématique du sujet que vous avez à traiter. Quand vous en aurez terminé l'analyse, vous pourrez à ce moment-là puiser sans risque dans vos expériences antérieures ce qui peut compléter ou enrichir vos recherches.

Tableau 2
LE SUJET

COMPOSANTES	DÉFINITIONS	ILLUSTRATIONS
Thème	Idée, sentiment, sujet dont parle un auteur dans une œuvre, une partie ou un extrait.	*L'espoir*
Point de vue	Manière particulière dont le thème est présenté, évalué, interprété.	*La lecture de la poésie amène le lecteur à envisager l'avenir avec confiance.*
Consignes	Instructions précises et claires qui orientent et limitent la manière de développer un sujet.	*Donner des arguments cohérents et convaincants. Donner des preuves relevant du contenu et de la forme.*
Objet	Ouvrages, textes, situations sur lesquels doit s'appuyer l'analyse du thème imposé.	*« Au ras de la terre » de Gatien Lapointe. « Maudit pays » de Georges Dor. Autres connaissances littéraires pertinentes.*
Question	Reformulation du sujet sous la forme d'une question simple et précise à laquelle répondra toute votre dissertation et plus particulièrement votre conclusion.	*Est-ce que la poésie est toujours porteuse d'espoir ?*

EXERCICE 2

En vous guidant sur le tableau qui précède, analysez les sujets suivants.

SUJET 1 : Dans *L'Existentialisme est un humanisme*, Jean-Paul Sartre affirme que : « Le lâche se fait lâche et le héros se fait héros : on ne naît ni lâche ni héros. » Cette affirmation s'applique-t-elle à Alain Dubois, le héros de *Poussière sur la ville* d'André Langevin ?

SUJET 2 : La littérature engagée est-elle une littérature populaire ? Justifiez votre réponse à l'aide du poème « Melancholia » de Victor Hugo et de *L'Afficheur hurle* de Paul Chamberland.

SUJET 3 : Toutes les composantes du roman tendent à représenter le monde réel. Ainsi, par exemple, on donne au personnage les caractéristiques d'une personne ; on situe les événements dans un temps vraisemblable ; même, on confie à un personnage la fonction de raconter les faits.

Justifiez votre réponse en vous appuyant sur les récits suivants : Erskine Caldwell, Les chèvres sur le toit *; Alphonse Daudet,* L'Arlésienne *; Guy de Maupassant,* Une vendetta *; Edgar Allan Poe,* Le chat noir *; Gabrielle Roy,* Vincento.

Chapitre 3

LA DOCUMENTATION

QU'EST-CE QUE LA DOCUMENTATION ?

Pour écrire efficacement, il faut absolument séparer les trois étapes de la dissertation : la **recherche** de documentation, l'organisation du **plan** et l'**écriture**. La première précède toujours les deux autres.

Se documenter, c'est chercher les thèses, les idées, les arguments et les exemples autour desquels la dissertation va s'organiser.

COMMENT RECUEILLIR LA DOCUMENTATION

Explorer et approfondir les champs sémantiques

Le champ sémantique est l'ensemble des significations que le dictionnaire attribue à un terme.

Dans un dictionnaire général ou spécialisé, ou encore dans une encyclopédie, cherchez les mots clés du sujet afin d'explorer toutes les possibilités et toutes les nuances des notions que vous avez à analyser.

La consultation des dictionnaires ou des encyclopédies sur les notions majeures de votre sujet peut aussi vous suggérer quelques idées intéressantes.

De plus, vous y découvrirez plusieurs synonymes, plusieurs notions analogiques, des paraphrases et des périphrases qui élargiront votre vocabulaire et enrichiront la variété de vos expressions et de vos tournures.

Notez et explorez les antonymes. Comprendre ce qui s'oppose à une notion, à une idée, à un argument suggère souvent des éléments de développement intéressants. Cela peut encore varier le style.

Le dictionnaire fournit parfois des citations qui peuvent enrichir votre documentation, votre argumentation ou vos illustrations.

Rappelez-vous constamment le sujet. Ne retenez que ce qui s'y rattache.

EXERCICE 3

Le 18 décembre 1996, à l'épreuve de français, le ministère de l'Éducation proposait le sujet suivant :

> La vie se construit sur la raison ; elle ne se construit pas sur la passion. Cette affirmation s'applique-t-elle aux personnages que nous retrouvons dans les textes tirés, d'une part, de *La Princesse de Clèves* de Mme de La Fayette et, d'autre part, de *Juillet* de Marie Laberge.

Cherchez dans le dictionnaire les mots « raison » et « passion ». Quelles sont les idées et les mots de vocabulaire que votre recherche vous a apportés et que vous pourriez utiliser dans la dissertation que vous auriez à rédiger ?

Poursuivez votre enquête en cherchant les principaux antonymes : en quoi peuvent-ils vous aider sur le plan des idées, sur le plan du vocabulaire ?

Faire le point sur les idées maîtresses du sujet

Étendez votre recherche aux aspects connexes du sujet. Prenez en note les courants, les auteurs, les œuvres, les circonstances, les aspects, les sujets, les thèmes, les idées, les notions, les expressions, les mots qui peuvent vous aider à traiter votre sujet.

EXERCICE 4

Dans un dictionnaire des noms propres, cherchez Madame de La Fayette.

Dans un manuel d'histoire des courants littéraires ou dans une anthologie, cherchez « classicisme ». Cherchez la place qu'y occupe la raison.

Dans un dictionnaire des auteurs québécois contemporains, cherchez Marie Laberge.

Dans un dictionnaire des œuvres littéraires, cherchez *La Princesse de Clèves.*

Quels sont les éléments de ces recherches que vous retiendriez pour développer le sujet ? En quoi vous seraient-ils utiles ? À quel niveau les utiliseriez-vous : idées générales, idées principales, illustrations ?

LA LECTURE DES TEXTES À ÉTUDIER

Établir le champ lexical du thème étudié

Dans un texte, le champ lexical est l'ensemble des mots qui permettent à l'auteur de présenter les différents aspects de son thème principal.

Dans « Le Vaisseau d'Or » d'Émile Nelligan, le vocabulaire qui gravite autour du thème « bateau » est le suivant : *grand vaisseau, or massif, mâts, Cyprine, proue, naufrage, carène, cercueil, vaisseau d'or, flancs diaphanes, marins profanes, mon cœur, navire déserté.*

Une lecture attentive pourrait vous commander d'établir le champ lexical du thème secondaire la « mer », connexe à celui de « bateau » : *mers inconnues, grand écueil, océan trompeur, Sirène, gouffre, tempête, abîme.*

Cette exploration des champs lexicaux nous permet de déceler, avec évidence, les lignes dominantes de ce grand classique de la littérature québécoise. *Cœur, naufrage, cercueil, marins profanes, océan trompeur, gouffre* et *abîme* disent assez clairement dans quel état de solitude et de désespoir se trouvait le poète lors de l'écriture de ce texte.

LE VAISSEAU D'OR

Ce fut un grand Vaisseau taillé dans l'or massif :
Ses mâts touchaient l'azur, sur des mers inconnues ;
La Cyprine d'amour, cheveux épars, chairs nues,
S'étalait à sa proue, au soleil excessif.

Mais il vint une nuit frapper le grand écueil
Dans l'Océan trompeur où chantait la Sirène,
Et le naufrage horrible inclina sa carène
Aux profondeurs du Gouffre, immuable cercueil.

Ce fut un Vaisseau d'Or, dont les flancs diaphanes
Révélaient des trésors que les marins profanes,
Dégoût, Haine et Névrose, entre eux ont disputés.

Que reste-t-il de lui dans la tempête brève ?
Qu'est devenu mon cœur, navire déserté ?
Hélas ! Il a sombré dans l'abîme du Rêve !

Émile NELLIGAN, *Le Vaisseau d'Or et autres poèmes*, coll. « Grands textes », Montréal, Les Éditions CEC, 1997, p. 19.

EXERCICE 5

Établissez le champ lexical du thème « jeu » dans le poème de Saint-Denys Garneau « Le Jeu ».

Que vous apprend cette recherche sur la fonction que Saint-Denys Garneau attribue au poète dans la société ?

La recherche des idées générales

Notez, à la suite, toutes les opinions explicites que les textes contiennent sur le thème principal du sujet.

Cherchez, ensuite, les opinions implicites, plus discrètes, que vous devez déduire des attitudes, des gestes, des mots choisis et du champ lexical.

Associez les idées à des thèmes, à des sujets que vous connaissez déjà. Déterminez à quoi s'opposent ces idées, ces thèmes et ces sujets.

La recherche des idées principales

Laissez surgir de votre mémoire tout ce que vous avez lu, observé, étudié sur le sujet. Vous pourrez ainsi l'enrichir et le personnaliser.

Quels sont les principaux aspects qui ressortent de votre recherche sur les idées ?

Associez ces idées principales à d'autres auxquelles vous pouvez les rattacher, à d'autres auxquelles elles s'opposent.

Choisissez les aspects que vous allez retenir : ils constituent le plan général de votre dissertation en vous donnant les idées principales que vous allez développer.

La recherche des illustrations

Quels sont les éléments du corpus analysé qui vous permettent d'illustrer vos idées, vos opinions, vos jugements ?

Chacun des points que vous allez expliquer, analyser ou défendre doit être appuyé par un nombre à peu près égal d'illustrations. Ces illustrations doivent être pertinentes et probantes.

Pour illustrer vos idées, vous pouvez faire appel à deux types d'informations : celles qui relèvent du contenu et celles qui relèvent de la forme.

N'utilisez que le recto de vos feuilles ou de vos fiches : vous pourrez ainsi disposer de toute votre documentation en un seul coup d'œil.

> **Le contenu** désigne ce qui est la matière et le sujet d'une œuvre ou d'un texte ; ce qui est dit, donné, expliqué, explicitement ou implicitement :
>> les idées – les thèmes – les intentions ;
>> les valeurs – les jugements – les opinions ;
>> les arguments, les thèses, les raisonnements, les démonstrations.

> **La forme** est l'aspect matériel sous lequel se présente un énoncé. Elle désigne la manière ou les procédés particuliers de présenter ou d'exprimer une idée, un sentiment, un événement, une action, un personnage.
> • Apparence : disposition du texte, caractéristiques matérielles, typographie.
> • Expression : niveau de langue ; discours concret, abstrait.
> • Composition : structure, plan, importance relative des parties, enchaînement, transitions.
> • Manière : tournure de l'écriture, particularité du style.
> • Mot : vocabulaire, champs sémantiques, champs lexicaux.
> • Phrase : simple, complexe.
> • Versification : rythmes, rimes, vers.

- Figures de style : analogies, oppositions, amplifications, atténuations, allitérations.
- Genres : formes, techniques et compositions spécifiques à la poésie, au roman, au théâtre, à l'essai.

Le point de vue de l'auteur

Sous quel angle les idées et les thèses sont-elles envisagées ou considérées dans les textes étudiés : philosophique, littéraire, moral, politique, affectif, cérébral, religieux, scientifique, théorique, pratique ?

Dans son texte, quel angle l'auteur privilégie-t-il ?

Dans votre dissertation, quel angle allez-vous étudier particulièrement ?

L'INTERPRÉTATION DE LA DOCUMENTATION

D'abord, laisser venir les idées librement. Ensuite, choisir celles que l'on retient. Enfin, les organiser en un plan rigoureux.

Pour chaque élément retenu – idée, thèse, angle, point de vue, argument ou illustration – notez en quoi il est intéressant et en quoi il pourra vous servir.

Les questions suivantes peuvent vous être utiles :

1. **Qui ?** Par qui, pour qui, avec qui ?

2. **Où ?** Dans quel lieu, pourquoi ce lieu, quelles sont ses caractéristiques ?

3. **Pourquoi ?** Expliciter les causes ; analyser les conséquences ; expliquer les effets : sur qui et sur quoi ?

4. **Quand ?** L'âge, l'époque, la période, la fréquence, la durée.

5. **Comment ?** De quelle manière ? La façon, le genre, le style.

Tableau 3
EXPLORATION DU SUJET

1. LA DÉFINITION	Quel est le **sens précis** de l'idée que le sujet vous propose d'étudier ? Entre toutes les nuances offertes par le dictionnaire sur le sujet, laquelle convient précisément à l'idée que vous aurez à étudier ?
2. L'INTÉRÊT	Quel **intérêt** y a-t-il à étudier cette idée ? Pour – Contre. Quelles sont ses qualités, ses caractéristiques ?
3. L'ANALYSE	Quels **principaux aspects** de cette idée faut-il explorer pour en étudier toute l'étendue ?
4. LA CATÉGORIE	Quelles sont les **idées connexes** au sujet ? Dans l'ensemble de ces idées, quelle place occupe l'idée à étudier ; quelle est sa particularité ? Dans cet ensemble, quelle est son importance relative ?
5. L'ANALOGIE	Quelles sont les idées qui ont quelque **ressemblance** avec l'idée étudiée, qui sont mieux connues et qui peuvent aider à la comprendre ? Quelles sont les idées qui s'y opposent absolument ; qui lui sont contraires ; qui forment antithèse ?
6. L'HYPOTHÈSE	Quels seraient les **inconvénients** ou les absurdités qui résulteraient du contraire de l'idée énoncée ? Omettre de considérer cette idée entraînerait quelles fâcheuses conséquences ?
7. LA CAUSE	Quelles sont les **causes** ou les principes qui expliquent que l'on s'interroge sur l'idée proposée à la réflexion ?
8. L'EFFET	Quels sont les **effets** engendrés par l'idée soulevée ; quelles conséquences les différents aspects de l'idée provoquent-ils ; quelles en sont les retombées ou les suites ?
9. LA SITUATION	Quelles sont les **circonstances** qui rendent l'étude de l'idée pertinente, intéressante, ou nécessaire ? Dans quelles situations l'idée prend-elle toute son importance ?
10. L'ILLUSTRATION	Quels sont les **exemples**, les citations, les témoignages ou les anecdotes qui illustrent ou justifient les différents aspects de l'idée étudiée ?

Chapitre 4

LE PARAGRAPHE

QU'EST-CE QU'UN PARAGRAPHE ?

Un paragraphe est constitué de phrases réunies dans un ensemble cohérent dont le but est d'analyser, d'expliquer, de démontrer avec efficacité et clarté un aspect du sujet traité.

Le paragraphe est une unité logique. Son but est de communiquer une idée dans l'intention de **convaincre** le lecteur de la justesse de son propos et de l'exactitude de son raisonnement.

Un paragraphe réunit avec méthode, dans un ordre défini, un ensemble de phrases dans le but de défendre une seule idée.

Le paragraphe est composé de quatre éléments distribués de façon systématique : l'**idée principale**, les **idées secondaires**, les **illustrations** (constituées de l'exemple et du commentaire) et la **clôture** (conclusion du paragraphe).

SCHÉMA GÉNÉRAL DU PARAGRAPHE

> IDÉE PRINCIPALE
>   1re idée secondaire
>   Illustration : commentaire, exemple
>   2e idée secondaire
>   Illustration : commentaire, exemple
>   CLÔTURE (conclusion du paragraphe)

COMMENT RÉDIGER UN PARAGRAPHE

Idée principale

Dans la ou les premières phrases, vous proposez clairement au lecteur l'idée principale que vous développez ou expliquez tout au long du paragraphe.

L'idée principale est un élément de la réponse que vous apportez au problème posé par le sujet. L'énoncé de ce premier élément de votre paragraphe doit présenter deux aspects : le sujet du paragraphe et le point de vue sous lequel vous l'étudiez.

Idée secondaire

Votre idée principale sera soutenue par une ou plusieurs idées secondaires.

L'idée secondaire développe un aspect de votre idée principale. Elle fait partie d'un raisonnement qui doit démontrer que l'idée principale défendue dans le paragraphe est justifiée.

> Il faut s'assurer que chaque idée secondaire défend correctement l'idée principale présentée.

Chaque idée secondaire étudie un aspect particulier de votre idée principale afin d'en démontrer l'exactitude.

La force de l'idée secondaire dépend de la qualité, de la pertinence et de l'intérêt de l'illustration qui l'appuie.

Illustration

L'illustration a pour fonction de faire comprendre ou de défendre l'idée secondaire. Elle est constituée d'un couple inséparable, l'exemple et le commentaire. Une idée secondaire peut être appuyée par une ou plusieurs illustrations. Pour des raisons d'économie, le présent ouvrage ne donne qu'une illustration par idée secondaire.

Exemple

Chacune des idées secondaires est démontrée, illustrée ou prouvée par des faits, des événements, des citations que vous donnez au lecteur pour appuyer votre propos.

Commentaire

Le commentaire accompagne nécessairement l'exemple. Il permet d'en dégager ce qui est utile à la démonstration. Le commentaire présente, situe et, au besoin, précise la pertinence et l'importance de l'exemple. Il explique pourquoi tel exemple a été choisi, quel sens on lui donne et quel rôle il joue dans la démonstration. Le commentaire peut être situé avant ou après l'exemple ; il peut aussi se situer à la fois avant et après l'exemple.

De façon habituelle, il s'exprime par une proposition indépendante souvent terminée par un deux-points qui annonce la citation ou l'exemple. On peut aussi le trouver dans une proposition principale dont l'exemple est la subordonnée. Exemple et commentaire peuvent enfin former un ensemble de phrases indépendantes.

Il faut s'assurer que chaque exemple est pertinent à l'idée secondaire qu'il illustre.

Clôture (conclusion du paragraphe)

Une dernière phrase doit signaler la fin du développement de votre idée principale et du paragraphe qui la développe. Cette dernière phrase rappelle brièvement et clairement l'idée principale proposée au lecteur.

La clôture énonce l'aboutissement de votre argumentation ; elle dégage la synthèse de votre paragraphe. C'est la conclusion du paragraphe. C'est cette dernière phrase que votre lecteur retient pour suivre votre développement.

MODÈLE DE PARAGRAPHE

Idée principale

De toute évidence, la littérature engagée vise à exprimer la réalité et les frustrations sociales des pauvres et des malheureux.

1re idée secondaire

Dans L'Afficheur hurle, *pour parler du peuple, Chamberland utilise un langage parfois vulgaire, souvent familier. Il veut que « le poème se défigure, que le poème s'appopulace ».*

Illustration
Commentaire
Pour y arriver, il utilise le patois des gens ordinaires, de la minorité francophone dans une Amérique du Nord anglophone.

Exemple
Il ne se gêne pas pour introduire dans son texte quelques sacres spécifiques comme « crisse de câlisse de tabarnac », ou des expressions typiques telles que « je flambe ce crisse de pays pour dix cennes de robine ».

2e idée secondaire

Plus encore que par la langue, c'est par la dénonciation de l'exploitation que l'écrivain engagé se fait porte-parole du peuple, comme on peut le voir dans le poème « Melancholia ».

Illustration
Commentaire
Victor Hugo y condamne le travail des enfants dans la France industrialisée du XIXe siècle :

Exemple
Où vont tous ces enfants dont pas un seul ne rit ?
Ces filles de huit ans qu'on voit cheminer seules ?
Ils s'en vont travailler quinze heures sous des meules.

Commentaire (suite)
Hugo croit que le poète a une « fonction sociale » : ce parti pris est assez évident dans cette dénonciation d'un des

La puissance d'une démonstration repose sur la force des idées secondaires et sur le bien-fondé des exemples.

pires fléaux dont souffre l'humanité et auquel l'écrivain ne peut rester insensible.

Clôture (conclusion du paragraphe)

Ainsi, la littérature engagée puise son inspiration au cœur même des problèmes et des angoisses des classes prolétariennes.

Forme rédigée du paragraphe

Idée principale → *De toute évidence, la littérature engagée vise à exprimer la réalité et les frustrations sociales des pauvres et des malheureux.*

1re idée secondaire → *Dans L'Afficheur hurle, pour parler du peuple, Chamberland utilise un langage parfois vulgaire, souvent familier. Il veut que « le poème se défigure, que le poème s'appopulace ».*

Commentaire → *Pour y arriver, il utilise le patois des gens ordinaires, de la minorité francophone dans une Amérique du Nord anglophone.*

Exemple → *Il ne se gêne pas pour introduire dans son texte quelques sacres spécifiques comme « crisse de câlisse de tabarnac », ou des expressions typiques telles que « je flambe ce crisse de pays pour dix cennes de robine ».*

2e idée secondaire → *Plus encore que par la langue, c'est par la dénonciation de l'exploitation que l'écrivain engagé se fait porte-parole du peuple, comme on peut le voir dans le poème « Melancholia ».*

Commentaire → *Victor Hugo y condamne le travail des enfants dans la France industrialisée du XIXe siècle :*

Exemple →
> *Où vont tous ces enfants dont pas un seul ne rit ?*
> *Ces filles de huit ans qu'on voit cheminer seules ?*
> *Ils s'en vont travailler quinze heures sous des meules.*

Commentaire → *Hugo croit que le poète a une « fonction sociale » : ce parti pris est assez évident dans cette dénonciation d'un des pires fléaux dont souffre l'humanité et auquel l'écrivain ne peut rester insensible.*

Clôture → *Ainsi, la littérature engagée puise son inspiration au cœur même des problèmes et des angoisses des classes prolétariennes.*

Tableau 4
CANEVAS DE PARAGRAPHE

Énoncé de l'idée principale du paragraphe
(marqueur de relation, transition) : . . . .
. . . .
. . . .

   Énoncé de la première idée secondaire
   (Présentation de l'idée, marqueur de relation, transition) : . . . .
   . . . .
   . . . .

      Illustration
      Commentaire : . . . .
      . . . .
      Exemple : . . . .
      . . . .
      . . . .

   Énoncé de la deuxième idée secondaire
   (Présentation de l'idée, marqueur de relation, transition) : . . . .
   . . . .
   . . . .

      Illustration
      Commentaire . . . .
      . . . .
      . . . .
      Exemple . . . .
      . . . .
      . . . .
      . . . .

Clôture : sens du paragraphe en relation avec l'idée directrice de la
dissertation . . . .
. . . .
. . . .
. . . .

LES CITATIONS

Il ne faut pas abuser des citations. Un bon exemple, une anecdote ou un fait bien présenté suffit généralement. Quand on utilise la citation à titre de preuve, il faut que cette citation soit éloquente. Elle exprime clairement, et mieux que toute paraphrase, ce qu'il y a à démontrer. Elle est toujours explicitement pertinente et logiquement intégrée au discours. Il ne faut pas qu'une citation soit trop longue : on ne garde du texte que ce qui convient à la démonstration. Il faut élaguer le superflu : les meilleures citations sont aussi les plus courtes.

EXERCICE 6

Voici un paragraphe « en pièces détachées ». Reconstruisez-le en donnant, à chacun des six éléments présentés, sa place et sa fonction : idée principale, idées secondaires, illustrations, clôture. Commencez par placer dans les carrés le chiffre correspondant à l'ordre que l'élément devrait occuper dans le paragraphe ordonné. Ensuite, retranscrivez le paragraphe selon la disposition qui vous est proposée dans le canevas de paragraphe.

Ce paragraphe sur **la lâcheté** du personnage Alain Dubois dans le roman *Poussière sur la ville* d'André Langevin comporte **deux idées secondaires**, chacune démontrée par une **illustration**.

E
X
E
R
C
I
C
E

Pour régler ses besoins d'argent, il fait appel au commerçant Prévost. Il lui abandonne les créances de ses clients, lui concédant ainsi la mainmise sur son budget. L'homme d'affaires pourra ainsi manipuler son obligé, au besoin par le chantage. ☐

D'abord, il accepte passivement d'être manipulé par son entourage. ☐

Le fait qu'Alain ne se révolte pas contre son destin le confirme dans son statut de lâche. ☐

Sa lâcheté est à son apogée lorsqu'il laisse Madeleine inviter son amant dans sa propre maison, sans même s'insurger contre une telle pratique. Au lieu de se révolter, il se réfugie dans son bureau et se noie dans le whisky. Boire devient alors une façon de fuir une réalité trop dure à accepter parce qu'il se juge incapable de la changer. ☐

Plus on avance dans la lecture de *Poussière sur la ville*, plus on est en mesure de constater qu'Alain Dubois correspond à la définition que donne l'existentialisme du lâche. ☐

Alain donne encore une preuve de sa passivité lorsqu'il permet que d'autres déterminent le cours de son existence. ☐

Note : Vous trouverez ce paragraphe reconstruit dans son ordre normal aux pages 74 et 75.

EXERCICE 7

Mêmes consignes générales que l'exercice 6.

Ce paragraphe sur la **caractérisation des personnages** dans le récit comporte **deux idées secondaires**, chacune prouvée par **trois illustrations**.

Également, les caractérisations relationnelles jouent un rôle primordial quant à l'animation d'un ou de plusieurs personnages. ☐

Par ailleurs, le portrait psychologique permet aussi de souligner les défauts du personnage : dans *Le grand cahier*, Agota Kristof nous montre une grand-mère dont l'avarice se rapproche de notre Séraphin Poudrier national. C'est pourquoi les gens qui l'entourent sont tous d'accord pour dire qu'« il n'y a pas plus avare qu'elle ». ☐

Il est tout aussi important qu'un auteur donne des caractéristiques relationnelles aux personnages secondaires. Ainsi, la misère de Bec-de-Lièvre se reflète bien dans ses relations avec les autres : « Personne ne m'aime. Même pas ma mère. Mais moi non plus, je n'aime personne. » ☐

Or, dans *Le grand cahier*, l'adversité du milieu et les relations difficiles vécues avec les autres poussent les jumeaux vers leur but ultime, survivre. Leur grand-mère, par exemple, ne leur rend pas la vie facile : « Grand-mère nous frappe souvent avec ses mains osseuses, avec un balai ou un torchon mouillé. Elle nous tire par les oreilles, elle nous empoigne les cheveux. » ☐

Ainsi dans *Le passe-muraille* de Marcel Aymé, le narrateur présente le personnage principal à l'aide d'une caractérisation sommaire : « Dutilleul était modeste mais fier. »

Même si la description est moins élaborée, elle n'en est pas moins importante pour la compréhension des actions de Dutilleul.   ☐

Le grand romancier maîtrise parfaitement l'art d'animer ses personnages. Il soigne surtout les caractérisations psychologiques et relationnelles.   ☐

Dans le même ouvrage, les jumeaux présentent un portrait psychologique très intéressant et constamment en évolution. Par exemple, au début du roman, ils nous racontent que « les coups font mal, ils nous font pleurer », alors qu'après leurs nombreux exercices, ils disent à un soldat que « pleurer » ne sert à rien. « Nous ne pleurons jamais ».   ☐

Somme toute, l'utilisation efficace, intelligente et suffisante des caractérisations psychologiques et relationnelles est en grande partie responsable de la force d'animation des personnages dans un récit.   ☐

Tout d'abord, soulignons que l'aspect psychologique de la caractérisation est essentiel car c'est lui qui dresse le portrait de l'âme du personnage en vue de nous donner l'impression qu'il existe vraiment, qu'il est complet.

☐

Enfin, *Le vilain petit canard* d'Andersen est un conte de choix en ce qui a trait à l'abondance et à la qualité des caractérisations relationnelles : « Le pauvre canet qui était sorti du dernier œuf fut, pour sa laideur, mordu, poussé et bafoué, non seulement par les canards, mais aussi par les poulets. » C'est ce rejet des autres qui va l'entraîner tout au long de l'histoire à rechercher un lieu plus clément où il pourra se faire accepter des autres.   ☐

Chapitre 5

LE PLAN

QU'EST-CE QU'UN PLAN ?

Un plan est une suite ordonnée d'opérations destinée à atteindre un but, à réaliser un projet, à démontrer qu'une hypothèse est juste.

Dans une dissertation, le plan permet de classer et d'**organiser** la documentation de telle sorte que tous les éléments retenus concourent à répondre à la question posée par le sujet.

Le plan comporte trois parties :

– l'**introduction** présente le sujet et pose le problème ;

Disserter, c'est organiser ses idées de telle sorte que le lecteur saisisse l'argumentation et accepte le point de vue présenté.

– le **développement** analyse les différents aspects qui éclairent la question, résolvent le problème, justifient l'opinion ou évaluent le point de vue proposé par le sujet. Le développement est constitué d'un ensemble de **paragraphes**, chacun développant un aspect particulier ou une idée spécifique ;

– la **conclusion** fait la synthèse des points traités dans le développement en en montrant la relation progressive.

QUELLE EST LA FONCTION DU PLAN ?

Le plan permet d'organiser sa pensée sous la forme d'une construction logique et progressive dont le but est de **convaincre** le lecteur de la justesse et de la véracité de son propos.

PLAN GÉNÉRAL DE LA DISSERTATION

INTRODUCTION

    Sujet amené

    Sujet posé : idée directrice

    Sujet divisé

Le plan est le squelette sur lequel se greffent les idées, les arguments, les exemples.

DÉVELOPPEMENT

    PARAGRAPHE 1

    Idée principale

        1re idée secondaire

            Illustration : exemple, commentaire

        2e idée secondaire

            Illustration : exemple, commentaire

    Clôture

    PARAGRAPHE 2

    Idée principale

        1re idée secondaire

            Illustration : exemple, commentaire

        2e idée secondaire

            Illustration : exemple, commentaire

    Clôture

    PARAGRAPHE 3

    Idée principale

        1re idée secondaire

            Illustration : exemple, commentaire

        2e idée secondaire

            Illustration : exemple, commentaire

    Clôture

CONCLUSION

    Synthèse

    Réponse au problème posé

    Ouverture

Pourquoi élaborer un plan

Le plan donne à chaque idée principale, à chaque idée secondaire, à chaque illustration (exemple et commentaire) la place qui lui convient pour amener le lecteur à accepter votre point de vue.

Quand le plan est terminé, relire attentivement le sujet et l'analyse qui en a été faite afin de vérifier que le tout est conforme aux exigences du travail.

Le plan est le **squelette** sur lequel les idées viennent s'attacher pour former un tout cohérent.

Le plan doit être construit de telle sorte que le lecteur perçoive le **fil conducteur** de votre dissertation, qu'il en comprenne la **logique**, qu'il saisisse la rigueur de la démonstration.

Un plan simple

Nous proposons le plan en trois idées principales, donc en trois paragraphes. Un excès d'idées principales rend difficile ou confuse la progression de la démonstration.

Le développement en deux idées principales est parfois suffisant et pertinent, bien que jugé souvent un peu simple.

Si un sujet ou un travail de recherche demande un développement plus élaboré, le diviser en plusieurs parties de deux ou trois idées principales. À ce moment, chaque partie est réunie par une phrase ou un très court paragraphe de transition. Dans ce cas, la conclusion générale reprend, en synthèse, les conclusions partielles.

Un plan dynamique

Il ne s'agit pas d'exposer les trois idées principales l'une à la suite de l'autre. Il faut montrer que ces trois idées principales **progressent** vers la démonstration de l'idée affirmée dans le sujet.

Il faut ici soigner particulièrement les **transitions** qui articulent les idées principales en démonstration et non en une simple ou banale juxtaposition d'éléments.

COMMENT CONSTRUIRE UN PLAN

Un fil conducteur

Grâce à l'analyse rigoureuse du **sujet**, vous avez posé clairement le problème. Vous avez établi la conclusion à laquelle vous voulez arriver. Cette étape vous a permis de mettre en lumière l'**idée directrice** à partir de laquelle peut s'élaborer votre plan.

La disposition et l'ordre de tous les éléments de la dissertation dépendent de la conclusion à laquelle on veut arriver.

La construction du plan consiste à organiser la **documentation** de telle sorte que le lecteur puisse cheminer logiquement, d'idée principale en idée principale, du problème posé en introduction à la réponse apportée en conclusion.

Un choix judicieux et complet

Choisissez l'**idée directrice** qui convient à votre sujet, les **idées principales** qui expliquent l'idée directrice, les **idées secondaires** qui défendent les idées principales et les **illustrations** qui prouvent les idées secondaires.

Retenez les idées et les exemples les plus intéressants, les plus clairs, les plus forts, les plus probants.

Élaguez sévèrement. Chaque idée principale, chaque idée secondaire doit être liée au sujet. Tout ce qui ne sert pas le sujet, l'idée principale ou l'idée secondaire doit être éliminé.

Au besoin, **complétez** la documentation. S'il vous manque des éléments, relisez les textes, revoyez votre documentation et repérez-y les lacunes à combler.

Un classement systématique

Dégagez les idées principales qui vont étayer votre argumentation générale.

Déterminez la place que chacune occupera dans le développement.

Choisissez et classez les idées secondaires qui seront développées dans chaque paragraphe.

Des illustrations probantes

Pour chaque idée secondaire, choisissez les exemples qui vont l'illustrer et permettre d'appuyer ce que vous avancez.

Un développement équilibré

Chaque idée principale donne une réponse partielle au problème soulevé en introduction.

Les idées principales doivent être développées de façon à peu près égale : même nombre d'idées secondaires, même quantité et même qualité d'illustrations, à peu près même longueur de texte.

Des liens évidents

Unissez les idées principales entre elles grâce à des **transitions** qui font le lien entre les grandes étapes de votre plan et en facilitent la lecture. Ainsi le lecteur est toujours conscient du déroulement logique de la démonstration.

Un plan rigoureux respecte les cinq principes suivants :

La rigueur. Tous les éléments qui concourent à l'élaboration de la dissertation sont conformes à l'esprit et à la lettre des thèmes proposés et des textes à étudier. Ces éléments sont présentés de telle sorte que le lecteur puisse y souscrire sans effort. Ils sont vraisemblables, crédibles et facilement vérifiables.

$\rightarrow$

La nécessité. Les éléments retenus sont indispensables à l'une ou l'autre partie du plan général et n'en dérogent jamais. Chacun répond à un besoin spécifique et occupe une fonction particulière. Tous concourent exclusivement à satisfaire les besoins de la démonstration. On rejette tout développement qui n'ajoute ni force ni éclaircissement.

La variété. Les illustrations, les idées, les thèses, les points de vue doivent satisfaire l'esprit et convaincre tant par leur diversité que par leur qualité. Il faut entretenir l'intérêt du lecteur en évitant la monotonie. Chaque élément introduit apporte quelque chose de neuf en enrichissant et en diversifiant l'illustration ou la démonstration.

L'équilibre. Il faut donner à chaque élément du discours l'importance qui lui revient. Il faut éviter d'amplifier inutilement un point ; de même, il faut éviter d'accorder à un point moins d'importance qu'il n'en doit occuper. Chaque partie reçoit un développement proportionné à sa fonction et à son importance.

L'unité. Tous les éléments du développement de la dissertation sont au service d'un seul but : expliquer le sujet et répondre aux questions qu'il soulève. C'est donc dire que les idées, les thèses, les arguments, les illustrations se rattachent au sujet pour former un ensemble cohérent dévoué entièrement au développement de l'idée directrice.

1. **PRÉCISER** clairement le point de départ (le sujet, l'idée directrice) et le point d'arrivée (le point de vue expliqué, démontré ou défendu).

2. **CHOISIR** les idées secondaires et les idées principales qui démontrent la justesse de la conclusion (le point de vue défendu).

3. **CHERCHER** les exemples, les faits, les citations, les situations qui expliquent les idées secondaires et qui soutiennent les idées principales.

4. **REJETER** les éléments peu ou moins intéressants.

5. **CLASSER** les idées, les idées secondaires, les exemples retenus et les distribuer dans les idées principales appropriées.

6. **ORDONNER** les idées principales et leurs idées secondaires de telle sorte que le lecteur soit conduit progressivement à juger juste et défendable le point de vue adopté.

Tableau 5
PLAN DÉTAILLÉ DE LA DISSERTATION *UN HÉROS RESPONSABLE*

SUJET : Dans *L'Existentialisme est un humanisme*, Jean-Paul Sartre affirme que : « Le lâche se fait lâche et le héros se fait héros : on ne naît ni lâche ni héros. » Cette affirmation s'applique-t-elle à Alain Dubois, le héros de *Poussière sur la ville* d'André Langevin ? (Voir rédaction complète à la page 73.)

INTRODUCTION	DÉVELOPPEMENT			CONCLUSION
	PARAGRAPHE 1	PARAGRAPHE 2	PARAGRAPHE 3	
Sujet amené *Les années 50 au Québec* *Un monde bouleversé* **Sujet posé** *Chaque homme libre de ses choix* **Sujet divisé** *Alain Dubois lâche* *Alain Dubois héros* *Alain Dubois responsable*	**Idée principale** *Alain Dubois lâche* **1re idée secondaire** *Dubois accepte passivement* **Illustration** **Exemple** *L'amant de Madeleine* **Commentaire** *Fuir la réalité* **2e idée secondaire** *Les autres manipulent Dubois* **Illustration** **Exemple** *Le commerçant Prévost* **Commentaire** *Dubois renonce à gérer son budget* **Clôture** *Un statut de lâche confirmé*	**Idée principale** *Alain Dubois héros* **1re idée secondaire** *Regagner l'estime des gens* **Illustration** **Exemple** *Forcer les gens à l'aimer* **Commentaire** *Confiance en sa réussite* **2e idée secondaire** *Conjurer le sort* **Illustration** **Exemple** *Sortir de sa stupeur* **Commentaire** *Rejeter les conseils* **Clôture** *Un destin assumé*	**Idée principale** *Alain Dubois responsable* **1re idée secondaire** *Responsable de ses échecs* **Illustration** **Exemple** *Ébriété et accouchement* **Commentaire** *Évasion et apathie* **2e idée secondaire** *Maître de ses défis* **Illustration** **Exemple** *Accouchement de Marie T.* **Commentaire** *Supporte seul ses actes* **Clôture** *Garant de sa réussite et de son échec*	**Synthèse** *Dubois dominé par les autres* *Dubois se reprend en main* *Dubois est seul responsable* **Réponse** *Chacun se fait lâche ou héros* **Ouverture** *Imposer sa vision du monde*

EXERCICE 8

Sujet de dissertation : Quelles sont les particularités linguistiques qui distinguent le français québécois du français international ?

Voici une liste d'éléments dans laquelle vous avez trois idées principales chacune démontrée par trois idées secondaires.

Plusieurs sujets du verbe – Répétitions – Syntaxe – Anglicismes – Renversements – Prononciation – Suppressions de sons – Lexique – Canadianismes – Modifications de sons – Mots dialectaux – Ajouts de sons

Établissez le plan de la dissertation en identifiant d'abord quelles sont les trois idées principales et, ensuite, en déter-Classez, dans un ordre qui favorisé la démonstration, chacune des idées secondaires sous l'idée principale qui lui convient.

Terminez le travail en distribuant les exemples suivants sous les idées secondaires qu'ils illustrent.

> mon chum, lui, y dit – que c'est que j'vas faire – bougonner – yé sou – icite – sua table – à date – poudrerie – tu mel'dis-tu à moé – la femme de mon voisin, elle, a pense que... – fafiner – quiens – babillard – comment c'est qu'on ferait – qu'est-c' c'est qu'y va prendre – blanc de mémoire – y – au boutte

Chapitre 6

L'INTRODUCTION

QU'EST-CE QU'UNE INTRODUCTION ?

L'introduction est un texte préliminaire. Placée en tête de la dissertation, elle sert d'entrée en matière.

La fonction de l'introduction est de présenter un sujet à un lecteur potentiel et de l'inciter à poursuivre sa lecture en lui proposant une démarche qui soulève son intérêt. En ce sens, elle **situe** le sujet, l'**analyse** et **pose un problème** auquel le développement répondra.

Une introduction efficace éveille l'intérêt du lecteur, l'accroche au sujet et l'incite à poursuivre sa lecture. Elle est à la fois captivante et fonctionnelle.

L'introduction comporte trois parties : le sujet amené, le sujet posé, le sujet divisé.

COMMENT RÉDIGER L'INTRODUCTION DE LA DISSERTATION

Le sujet amené

En une ou deux phrases, vous présentez à votre lecteur le sujet que vous avez l'intention d'aborder. Vous situez la question dans son contexte.

Ce premier contact doit éveiller l'attention de votre lecteur et l'inviter à suivre votre point de vue.

Dans la rédaction, optez pour l'une ou l'autre des voies suivantes.

D'où vient la question ? Quel est son intérêt historique ? Dans quel **contexte** le sujet doit-il être abordé ?

De quelle problématique plus générale la question dérive-t-elle ? Abordez d'emblée ce domaine de préoccupation que votre lecteur partage vraisemblablement.

Présentez les principales difficultés, les aspects complexes qui font de ce domaine un sujet d'actualité ou un sujet de discussion.

À quel courant, à quelle grande question littéraire, philosophique ou sociale se rattache votre sujet ?

Évoquez quelque grand débat soulevé par l'une ou l'autre des tendances auxquelles vous reliez votre sujet.

Soulevez un problème ; émettez une hypothèse ; relevez une contradiction qui intrigue et excite la curiosité intellectuelle de votre lecteur et l'encourage à examiner le sujet que vous traitez.

Évitez surtout de remonter au pithécanthrope ou au big-bang. Donnez, plutôt, une situation, un fait concret en relation avec le sujet.

Un trait, un cliché, une citation ou un aphorisme peut très bien démarrer une introduction. Que l'un ou l'autre soit pertinent, et, au besoin, provocant.

> L'introduction présente l'importance relative du sujet, l'intérêt de votre position et la logique de votre développement.

Le sujet posé

Vous présentez, ici, l'idée directrice de votre dissertation, le fil conducteur qui permettra à votre lecteur de saisir l'intérêt et l'importance de chaque thèse que vous étudiez dans votre développement.

Le lecteur doit saisir de façon explicite le point de vue que vous analysez, expliquez ou discutez tout au long de votre sujet.

L'introduction interroge. Le développement démontre. La conclusion affirme.

Suggérez votre position, le point de vue que vous avez l'intention d'illustrer ou de défendre ; vous l'affirmerez de façon plus claire et plus catégorique en conclusion.

L'intérêt du sujet que vous explorez, du point de vue que vous défendez et de votre travail doit ressortir avec évidence.

Pour la rédaction, choisissez l'un ou l'autre des procédés suivants :

Reprenez, en vos propres termes, l'énoncé de la question de façon positive ou de façon interrogative. Cette reformulation doit contenir l'essentiel du sujet ; elle doit mettre en évidence le mot clé.

Si le sujet comporte une citation, vous pouvez la reprendre ici en la présentant comme une manière particulière de voir ou de comprendre le sujet.

Vous pouvez aussi réduire la citation à une formule lapidaire qui sert de déclencheur à la réflexion poursuivie dans le développement. Cette formule ne doit en rien masquer le sujet. Au contraire, elle en avive l'intérêt.

Le sujet divisé

Dans cette troisième partie de votre introduction, vous présentez les grandes divisions de votre plan en énonçant brièvement chacune des idées principales que vous étudiez dans votre développement. La logique qui relie les idées principales au sujet doit transparaître avec évidence ; votre lecteur doit saisir clairement ce qui l'attend par la suite.

Vous présentez les parties de votre texte dans un ordre qui suggère un plan logique, une argumentation serrée et une progression perceptible.

L'introduction situe, pose et subdivise la question.

Vous présentez chacune des parties par son contenu, par son idée principale en suggérant son intérêt.

Pour la rédaction, vous procédez de la façon suivante.

Vous pouvez formuler cette partie sous forme de questions. Vous intriguez, alors, le lecteur ; vous le stimulez ainsi à poursuivre la lecture. Vous donnerez les réponses dans la clôture de chacun de vos paragraphes mais surtout dans votre conclusion.

Vous pouvez aussi simplement annoncer, en les affirmant nettement, chacune de vos thèses. Le lecteur saura où vous voulez le conduire. Au cours du développement, il découvrira la force et la qualité de votre démonstration et la justesse de vos affirmations.

En introduction, articulez votre plan brièvement, avec clarté et logique.

Vous n'avez rien à prouver à ce stade ; vous affirmez avec vigueur. Les justifications, les preuves sont réservées au développement.

Évitez les présentations scolaires et insipides du type : dans une première partie, je démontrerai que...

EXERCICE 9

Rédigez le paragraphe d'introduction de la dissertation sur les particularités du français québécois dont vous avez élaboré le plan détaillé au chapitre précédent.

E
X
E
R
C
I
C
E

EXERCICE 10

Sujet de dissertation : Expliquez en quoi Italo Calvino, dans le roman *Si par une nuit d'hiver un voyageur*, fait preuve d'une imagination remarquable.

Voici les deux paragraphes de développement de ce sujet. Écrivez l'introduction.

> Italo Calvino possède sans contredit une aptitude à éveiller vivement notre intérêt. Tout d'abord, il retient notre attention par les titres qu'il donne à ses chapitres. Nous n'avons qu'à en citer quelques-uns pour comprendre à quel point ils sont imaginatifs et intrigants. Il attire notre attention et suscite l'angoisse : « Penché au bord de la côte escarpée » ; il provoque l'inquiétude : « Regarde en bas dans l'épaisseur des ombres » ; ou il suggère incertitude et complexité : « Dans un réseau de lignes entrelacées ». Calvino colore également son texte de perceptions sensitives des plus pittoresques et qui ne sont pas sans originalité. Un lecteur ne peut que s'étonner de voir associer écriture et friture :
>
> > Une odeur de friture flotte, dès l'ouverture, sur la page, ou plutôt une odeur d'oignons, d'oignons qui rissolent, légèrement roussis, le fait est qu'il y a dans l'oignon des veines qui deviennent violettes puis brunes[1].
>
> Et on ne peut s'empêcher de réagir de l'accointance curieuse de l'œil et de l'oreille : « La première sensation que devrait transmettre ce livre, c'est celle que j'éprouve quand j'entends un téléphone sonner[2] ». L'auteur sait

---

1. Italo CALVINO, *Si par une nuit d'hiver un voyageur*, Paris, Éditions du Seuil, 1981, p. 39.

2. *Ibid.*, p. 143.

aussi comment imprégner ses histoires de mystère, de suspense : « Je suis de plus en plus convaincu que le monde veut me dire quelque chose, m'adresser des messages, des avis, des signaux[3] ». Cette facilité, cette adresse de Calvino à nous étonner, à nous captiver passionnément est un trait caractéristique de son écriture fertile et imaginative.

Cet auteur est un maître de l'originalité par la virtuosité intellectuelle qu'il démontre. Il s'entend comme pas un à déstabiliser son lecteur. Ainsi Calvino nous place dans des situations dont la complexité spatio-temporelle révèle un génie propre à nous confondre :

> À cet endroit, trois désirs simultanés se disputent en toi. Tu serais prêt à partir immédiatement, à franchir l'Océan, à explorer le continent qu'illumine la Croix du Sud jusqu'à ce que tu aies trouvé l'ultime cachette d'Hermès Marana[4].

De plus, son esprit moqueur – l'ironie envahissant tout raisonnement – enrichit l'intrigue et excite l'attention :

> On s'arrête ici pour ouvrir la discussion. Événements, personnages, atmosphère, sensations sont mis de côté, pour laisser place à des concepts plus généraux :
> – le désir pervers-polymorphe...
> – les lois de l'économie de marché...
> – l'homologue des structures signifiantes...
> – la déviance et les institutions...
> – la castration...[5]

---

3. *Ibid.*, p. 61.

4. *Ibid.*, p. 142.

5. *Ibid.*, p. 99.

Si par une nuit d'hiver un voyageur ne compte pas de temps morts. Le lecteur est sans cesse étonné. Le phénomène de la multiplication des histoires et de l'enchevêtrement des chapitres en donne une excellente illustration : l'auteur ne nous laisse pas de répit, nous tient continuellement en haleine, même dans les chapitres où c'est notre histoire de lecteur qui se déroule. L'auteur nous bouleverse, nous précipite dans toutes sortes de situations : « lecteur-inspecteur à la recherche du manuscrit volé » ; « lecteur-voleur » anxieux de s'accaparer « la suite » inédite. Toute l'habileté que Calvino déploie dans son écriture en fait un maître de la littérature.

Chapitre 7

LA CONCLUSION

QU'EST-CE QU'UNE CONCLUSION ?

La conclusion termine et récapitule le travail. Elle résume l'ensemble de l'argumentation en faisant le point sur ses principales conséquences. Terme de la démonstration, elle établit la synthèse de la réflexion.

Bien soigner sa conclusion est essentiel : c'est la dernière impression que laisse le travail. Le jugement final du lecteur repose, pour une bonne part, sur la qualité des éléments qui y sont présentés.

Toutes les parties de la conclusion sont au service de l'idée directrice de la dissertation.

La conclusion comporte trois parties : la synthèse, la réponse au problème posé, l'ouverture.

COMMENT RÉDIGER LA CONCLUSION DE LA DISSERTATION

La synthèse

La synthèse rassemble les points essentiels de votre développement en un tout cohérent et convaincant.

Dans un bilan bien organisé, vous reprenez brièvement la clôture de chacun de vos paragraphes en les adaptant à l'écriture et aux exigences de la conclusion.

Montrez comment ces points confirment l'hypothèse énoncée dans le sujet posé.

Soignez votre conclusion : c'est la dernière impression que gardera votre lecteur.

La conclusion est un aboutissement, c'est l'issue attendue d'une démonstration. Sans elle, une dissertation est incomplète... et le lecteur insatisfait.

Écrivez cette synthèse de façon dynamique ; elle doit dégager de l'assurance et du sens. Elle doit constituer un tout cohérent, logique et probant.

En somme, votre conclusion présente un résumé dynamique de votre démarche.

La réponse au problème (à l'hypothèse ou à la question)

Cette partie de la conclusion rappelle le sujet posé en introduction sous forme d'hypothèse, d'affirmation plus ou moins catégorique ou de question. Il s'agit ici d'apporter une réponse, de confirmer une position ou de proposer une solution que justifie la démarche effectuée dans le travail.

À la question soulevée par le sujet, vous répondez de façon nette. Selon le type de sujet, le ton de votre réponse peut être neutre, tranché ou nuancé.

Dans tous les cas, la réponse ou le point de vue donné doit résulter avec évidence de votre développement.

En conclusion, on doit toujours trouver les réponses aux interrogations soulevées dans l'introduction.

La réponse à la question découle logiquement de la synthèse. Elle est le terme nécessaire ; elle clôt le débat.

L'ouverture

À la suite de l'étude rigoureuse qu'est une dissertation, on sent souvent le besoin de sortir des limites étroites de la démonstration afin d'étendre la discussion à des perspectives plus larges. Cela permet de relativiser le débat et de nuancer la réponse apportée.

L'ouverture doit être en relation avec le travail. Elle devrait paraître s'imposer d'elle-même, comme une suite logique que le développement suggère ou impose.

Il faut absolument éviter les ouvertures artificielles, les phrases creuses et les affirmations fourre-tout du genre : depuis la nuit des temps ; depuis toujours ; tout le monde sait que. Mieux vaut s'abstenir que de commettre cette maladresse insipide.

Voici quelques pistes que vous pouvez explorer.

Actualisez le débat. Rattachez-le à quelque grande préoccupation contemporaine ; illustrez en quoi votre réflexion y apporte un éclairage original.

La conclusion et l'introduction ont sensiblement la même longueur.

Vous pouvez rappeler le questionnement de votre sujet amené et montrer succinctement que votre argumentation y a apporté des réponses pertinentes, éclairantes, que l'on peut **transposer** en d'autres domaines.

Vous pouvez aussi **rattacher** le sujet à quelque question fondamentale ou à quelque idée maîtresse que vous avez déjà approfondie dans des recherches spécialisées.

Vous pouvez encore **puiser** dans vos connaissances culturelles pour établir avec le sujet une relation intéressante ou inattendue : émissions de télévision (information, reportages, séries, téléromans), articles de revues, culture populaire (vedettes, chanteurs, musique, cinéma, sport).

Si vous avez une passion, si vous êtes engagé socialement ou culturellement, la question soulevée par le sujet vous a-t-elle permis d'approfondir ces thèmes qui vous tiennent à cœur ?

Une conclusion est une mise au point qui comporte un bilan, une réponse, un élargissement.

Vous pouvez enfin rattacher le débat soulevé par le sujet à une œuvre littéraire, philosophique ou de culture générale que vous avez étudiée dans l'un ou l'autre de vos cours ou que vous avez simplement lue par intérêt. C'est le moment d'utiliser les connaissances générales que vous avez accumulées dans vos cours· de philosophie, d'histoire, de psychologie, ou autres.

EXERCICE 11

Rédigez le paragraphe de conclusion de la dissertation sur les particularités du français québécois dont vous avez élaboré le plan détaillé au chapitre 5.

EXERCICE 12 .

Rédigez le paragraphe de conclusion de la dissertation sur le roman d'Italo Calvino *Si par une nuit d'hiver un voyageur* que vous avez étudié au chapitre précédent et dont vous avez déjà rédigé l'introduction.

Chapitre 8

LES MARQUEURS DE RELATION

Qu'est-ce qu'un marqueur de relation ?

Un marqueur de relation est un procédé linguistique qui permet au lecteur de reconnaître de façon explicite les liens logiques qui unissent les différentes parties du discours.

Un marqueur de relation peut être un mot (*enfin*), une locution (*tout compte fait*), une idée principale (*nous devons aussi considérer que*) ou encore une phrase (*Qu'il soit lâche ou qu'il soit héros, nous réalisons que dans les deux cas, le docteur Dubois répond à l'idée que l'existentialisme se fait de la responsabilité.*).

C'est grâce au marqueur de relation que le lecteur comprend le fil directeur de la dissertation et qu'il peut en suivre le déroulement logique et démonstratif.

Des marqueurs pour ponctuer le texte

Introduire un sujet

Tout d'abord ; il y a quelque temps ; commençons par ; nous allons débuter par ; assurément ; certes ; de toute évidence ; sans contredit ; chose certaine ; chose sûre ; indéniablement, sans doute, nul doute que ; il semble que ; il est notoire que ; à tout le moins.

Donnez à votre lecteur les signes qu'il faut pour distinguer les étapes de votre plan et pour suivre votre développement.

Présenter un argument, une thèse

Considérons ce premier aspect ; en premier lieu ; en outre ; d'une part [...], d'autre part ; cernons ; présentons ; voyons tout d'abord (ensuite, enfin) ; voici une série de faits ; dans le même ordre d'idées ; qui plus est ; et que dire de ; comme on là déjà vu ; passons à présent à ; poursuivons par.

Établir un lien entre deux idées

L'enchaînement des idées doit être évident, non seulement pour le rédacteur, mais surtout pour le lecteur.

Comme il a été dit ; ce n'est pas tout ; poursuivons par ; passons à présent à ; moins encore ; plus encore ; on ne peut se contenter de ; compte tenu de ce fait ; nous devons de plus considérer.

Conclure un argument, une thèse

Tout compte fait ; pour tout dire ; pour finir ; en fin de compte ; en somme ; somme toute ; bref ; en définitive ; que devons-nous conclure, déduire.

DES MARQUEURS POUR MONTRER L'ÉVOLUTION LOGIQUE DE LA DISSERTATION

Les titres

Les titres, les sous-titres et les intertitres sont des marqueurs qui facilitent et guident la lecture. Ils imposent rythme et sens au lecteur. Les titres et les intertitres doivent donner un résumé très synthétique du travail. Ainsi les titres suggèrent, de façon plus ou moins explicite, le plan général de la dissertation.

Le **titre** relie tout le travail à la matière traitée : il annonce l'idée directrice qui ordonne le développement de la dissertation.

Dans certains travaux, il peut être intéressant de développer le titre par un **sous-titre** qui en explicite le sens et l'intérêt.

Une dissertation devrait toujours être coiffée d'un titre qui attire le lecteur en éveillant son intérêt.

Les **intertitres** peuvent parfois coiffer chaque paragraphe du développement. Ils suggèrent l'idée principale du paragraphe. Les intertitres sont facultatifs. On peut même, dans certains cas, les condamner.

Les marqueurs de relation et les transitions guident le lecteur dans la démonstration.

Quelles sont les qualités d'un titre ?

Un titre est **bref**.   Trois ou quatre mots, tout au plus. Il n'est pas nécessaire que cet ensemble de mots forme une phrase complète.

Un titre est **clair**.   Le lecteur doit le comprendre sans effort.

Un titre est **vivant**.   L'intérêt du lecteur doit être éveillé, le titre doit l'inciter à entreprendre la lecture par plaisir, par intérêt, par nécessité.

Dans une dissertation, on évite les titres fantaisistes.

À quel moment choisir les titres ?

Le choix des titres est la dernière étape de la rédaction.

À cet effet, lors de la rédaction, on laisse des espaces suffisants pour y intercaler, lors de la relecture finale, les titres qui font la synthèse du développement.

Comme les titres ne doivent jamais être nécessaires à la compréhension du texte, le fait de les choisir en dernier lieu favorise le respect de cette règle fondamentale.

Si le temps vous manque, laissez tomber les titres.

Comment choisir un titre ?

La transition soutient l'intérêt du lecteur et l'encourage à poursuivre sa lecture.

Quand votre travail est terminé, faites une dernière lecture en notant les mots qui représentent le mieux votre travail. De ces mots, choisissez le plus signifiant pour le lecteur. Composez votre titre avec ou à partir de ce mot.

Si vous optez pour des intertitres, exploitez le même procédé pour chacun des paragraphes ou chacune des parties de votre développement.

Les transitions

Au début ou à la fin de chaque paragraphe, de chaque thèse, de chaque partie, doit apparaître une phrase de transition qui signale au lecteur qu'un développement se termine et qu'un autre débute.

Ces phrases de transition montrent la cohérence du texte. Elles conduisent le lecteur vers une lecture éclairée et signifiante en lui précisant la direction à suivre, les liens à établir.

La phrase de transition contient un mot qui résume le développement précédent et un autre qui annonce le développement à venir : avant d'écrire votre phrase, établissez ces deux mots. Ensuite trouvez le verbe et, au besoin, le marqueur qui montrent bien la relation à établir.

Transition vient du latin *transire* qui signifie **traverser**. Une transition est une idée intermédiaire qui signale le lien unissant deux idées. La transition est le pont permettant le passage d'une idée à l'autre.

DES MARQUEURS POUR RELIER LES MOTS, LES IDÉES PRINCIPALES, LES PHRASES

Marquer une preuve, une cause

À cause de, par le fait que, en vertu de, eu égard à, à ce sujet, compte tenu de, en tenant compte de, parce que, ceci fait que, de ce fait, grâce à, en effet, car, étant donné que, par suite de, en raison de, puisque, d'autant plus que, sous prétexte que, effectivement.

Marquer une conséquence

Au point de, ainsi, aussi, alors, conséquemment à, donc, par conséquent, par voie de conséquence, de là, d'où, à tel point que, c'est pourquoi, si bien que, voilà pourquoi, à cet effet, à cette fin.

Une transition efficace dresse un bilan rapide de la partie qui se termine et elle annonce brièvement la partie qui suit.

Marquer une concession

Bien que ; quoique ; quoi qu'il en soit ; malgré que ; en dépit du fait que ; de toute manière ; en tout état de cause ; quand même ; si... que ; aussi... que.

Marquer une opposition, une restriction

Par contre, par ailleurs, au contraire, à l'inverse, dans la mesure où, à tout le moins, mais, seulement, cependant, néanmoins, pourtant, toutefois, loin que, en revanche, malgré tout, en dépit de, quand bien même, encore que, encore moins, si... par ailleurs, si... au contraire, si... en revanche.

Marquer une alternative

Ou... ou ; soit... soit ; ou bien... ou bien ; tantôt... tantôt ; ou alors ; en même temps ; par ailleurs.

Annoncer des faits annexes ou une équivalence

Or, d'ailleurs, comme, reste que, en outre, de plus, quant à, par là même, compte tenu de ce fait, c'est-à-dire, en d'autres termes, ainsi que, en bref, en d'autres mots.

Annoncer une liaison, une addition, une surenchère

Et, puis, ensuite, alors, enfin, non seulement... mais encore, non seulement... mais aussi, dans un autre ordre d'idées, à savoir, en ce qui a trait à, relativement à, sans compter que, en outre, de surcroît, sur ce point.

Annoncer une explication, une illustration, un exemple

Ainsi, par exemple, de même, en effet, effectivement, à savoir que, à ce propos, à ce sujet, pour ce qui est de, en ce sens, à cet égard, à cet effet, eu égard à, en ce qui touche à.

LES MARQUEURS GRAPHIQUES

Les **mises en retrait** indiquent le début d'un paragraphe, le développement d'une idée, d'une thèse, d'un argument.

Les **interlignes** : deux ou trois interlignes, une fin de page laissée en blanc, indiquent une fin de partie, un changement de thèse.

Des astérisques, des culs-de-lampe montrent qu'une partie du développement est terminée.

EXERCICE 13

Dans le paragraphe suivant, aux endroits appropriés, ajoutez la transition et les marqueurs de relation nécessaires.

Lorsqu'il construit ses personnages, le romancier est animé d'un souci constant de vraisemblance. C'est pourquoi, il soigne particulièrement la caractérisation sociale et l'aspect psychologique. _____, pour bien situer le personnage dans son milieu, il doit établir sa fiche d'identité. C'est ainsi que Patricia Highsmith nous présente Stephen Castle dans *Époux en froid* en précisant son âge et son occupation : « C'était un acteur de trente-cinq ans [...] ». _____, l'origine sociale du personnage peut s'avérer déterminante dans le déroulement de l'histoire. Tel est le cas de Mathilde dans *La parure* de Maupassant : « C'était une de ces jolies et charmantes filles, nées comme par une erreur du destin, dans une famille d'employés. » Enfin, dans *La grosse femme d'à côté est enceinte*, Michel Tremblay nous révèle en même temps la situation financière et le racisme des ménagères du Plateau Mont-Royal : « Toutes sans exception, elles devaient de l'argent aux Juifs de la rue Saint-Laurent ». Et comme une Juive monte dans le tramway, elles se moquent d'elle ouvertement puisque : « A comprend pas le français, a l'a rien à nous vendre ! » Cependant, _____, le personnage, pour être crédible, doit _____ posséder des traits psychologiques. En effet, tout comme une personne réelle, il présentera un caractère défini, tracé parfois en quelques lignes, comme celui de la grand-mère dans *Le petit chaperon rouge* de J. Ferron : « C'était une personne étudiée, pas loin d'être parfaite. Elle n'avait qu'un défaut : la peur des chiens. » Souvent, _____, l'analyse psychologique s'approfondit et se nuance. Écoutons Renée, personnage central de *La vagabonde* de Colette, nous présenter son ex-mari : « Aucune femme, aucune de ses femmes, n'a dû autant que moi apprécier, admirer, craindre et maudire sa fureur du mensonge. Adolphe Taillandy mentait, avec fièvre, avec volupté, inlassablement, presque involontairement. » _____, la caractérisation psychologique permet aussi – et ce n'est pas là son moindre mérite – l'expression des émotions et des sentiments. Voici comment, dans *La grosse femme d'à côté est enceinte*, Michel Tremblay nous décrit Thérèse en proie à la colère : « Elle était devenue blanche à faire peur et comme chaque fois que la colère s'emparait d'elle, elle resta raide au milieu de la route, muette, tremblant un peu, comme absente, retirée en elle-même, concentrée sur sa rage. » Il est intéressant de noter _____ les répercussions physiques d'une émotion très intense. _____, si l'écrivain a recours à ces deux procédés de caractérisation, c'est que tant l'aspect social que l'aspect psychologique contribuent par excellence, à rendre les personnages vraiment vivants et à entretenir chez le lecteur l'illusion de la réalité.

EXERCICE 14

Dans la dissertation sur la littérature engagée qui vous est présentée à la page 83, encerclez les marqueurs de relation et soulignez les transitions.

EXERCICE 15

Dans la dissertation sur *Poussière sur la ville* qui vous est présentée à la page 73, trouvez un titre général et un inter-titre pour chacun des paragraphes de développement.

Chapitre 9

LA PRÉSENTATION MATÉRIELLE

IMPORTANCE DE LA PRÉSENTATION MATÉRIELLE

La présentation matérielle de la dissertation revêt une grande importance. Cette présentation témoigne, dès l'abord, du sérieux de la démarche et sa qualité suscite l'intérêt du lecteur.

Il existe plusieurs protocoles de présentation des travaux. Les institutions scolaires, les organismes privés ou gouvernementaux publient généralement leur propre code. Si le travail s'inscrit dans le cadre de ces organismes ou de ces institutions, il faut consulter ces guides et s'y conformer.

LA PAGE DE TITRE

La page de titre doit donner les renseignements suivants :

- le prénom et le nom (en majuscules) de l'auteur de la dissertation ;
- le titre du travail ;
- le prénom et le nom (en majuscules) et la fonction de la personne à qui le travail est destiné de même que le département auquel elle appartient ;
- le nom de l'institution dans le cadre duquel le travail a été exécuté ;
- la date de remise du travail.

Tableau 6
MODÈLE DE PAGE DE TITRE

Prénom NOM
Techniques d'éducation spécialisée

Maître de son destin

Dissertation présentée à
Madame Prénom NOM

Littérature québécoise
(601-103-04)
Département de français

Collège de Sherbrooke
22 mai 1999

LES MARGES

Marge de gauche : 3,5 cm (1,5 po)
Marge de droite : 2,5 cm (1 po)
Marge du haut : 3,5 cm (1,5 po)
Marge du bas : 2,5 cm (1 po)

LA PAGINATION

Une dissertation doit être paginée. La pagination qui offre le plus d'avantages est celle qui apparaît en bas de la page, au centre.

Toutes les pages sont comptées. Cependant, on ne met pas de folio sur la page de titre de l'ouvrage ni sur les pages de titre des chapitres.

Il faut soigner votre page de titre. Elle est le miroir de votre travail.

LES INTERLIGNES

À moins d'avis contraire, un travail est généralement présenté à double interligne. Cela assure une meilleure lisibilité tout en permettant au lecteur d'ajouter au besoin, dans le texte, des remarques qu'il juge pertinentes ou utiles.

LES TITRES

Les titres d'ouvrages littéraires, scientifiques, artistiques de romans, nouvelles, fables, films, disques, journaux, revues sont mis en italique (traitement de texte) ou soulignés (manuscrit).

Les titres de parties, de chapitres, d'articles de revues ou de journaux sont signalés par des guillemets. Cependant, si on cite conjointement le titre d'un poème, d'une nouvelle, etc., et le titre de l'ouvrage dont il fait partie, le premier titre se met en romain entre guillemets et le second en italique. On pourra consulter, sur ce sujet, les exemples donnés plus loin sous le titre « La bibliographie ».

L'usage de la **majuscule** dans les titres n'est pas uniformisé. La règle la plus simple est la suivante : placez la première lettre du premier mot en majuscule. Tous les autres mots commencent par une minuscule, sauf les noms propres naturellement.

LES CITATIONS

Les citations **courtes** sont intégrées dans le texte. Elles sont **obligatoirement** signalées, au début, par des guillemets ouvrants et à la fin, par des guillemets fermants.

Les citations **longues** (plus de trois lignes dans le texte régulier) sont mises en retrait à gauche et à droite. Elles sont transcrites à simple interligne. Elles ne sont ni précédées ni suivies de guillemets. Cette règle s'applique à toutes les citations en vers.

De nombreux exemples de citations sont donnés au chapitre 10.

LES NOTES

Les notes sont constituées d'informations, de commentaires ou d'éclaircissements qui ne font pas partie du texte régulier. Elles apparaissent soit en bas de page, soit à la fin du document.

À l'endroit pertinent dans le texte, on signale au lecteur, par un **appel de note**, qu'il peut consulter une note pour y recevoir des informations complémentaires à la compréhension du texte ou relatives aux sources consultées.

De nombreux exemples de notes et d'appels de notes sont donnés au chapitre 10.

LA BIBLIOGRAPHIE

La bibliographie apparaît à la fin de la dissertation sur une page particulière (au besoin sur plusieurs pages) intitulée BIBLIOGRAPHIE.

La bibliographie est constituée des ouvrages que l'on a étudiés, utilisés ou sérieusement consultés pour la rédaction d'une dissertation.

Elle permet au lecteur de vérifier, au besoin, l'exactitude des sources, des citations et des exemples mentionnés dans le cours du travail.

Chaque élément de la bibliographie doit présenter, dans l'ordre, les renseignements suivants :

Un travail de qualité exige une présentation matérielle de qualité.

- le nom et le prénom de l'auteur ;

- le titre et le sous-titre de l'ouvrage ou de l'article ;

- la collection et le numéro de la collection ;

- le lieu d'édition ;

- l'éditeur ;

- l'année de publication ;

- le nombre de pages.

Tous les éléments sont séparés par une virgule. La référence bibliographique se termine par un point.

Les éléments de la bibliographie sont présentés à simple interligne. On met en saillie à gauche la première ligne comportant le nom de l'auteur afin d'en faciliter le repérage. Entre chaque référence, on passe une ligne.

Parce qu'une bibliographie est classée par **ordre alphabétique** d'auteurs, on présente toujours le nom avant le prénom.

Voici quelques exemples des principales formes que peut prendre une référence bibliographique.

BEAUMARCHAIS, Jean-Pierre de *et alii, Dictionnaire des littératures de langue française*, tome a-f, Paris, Bordas, 1984, 860 p.

DES RIVIÈRES, Madeleine, « Le Réformateur, recueil d'essais de Jacques Godbout », dans EN COLLABORATION, *Dictionnaire des œuvres littéraires du Québec*, tome V, Montréal, Fides, 1987, p. 763.

DUBOIS, Richard, « Témoins ou prophètes ? Les jeunes romanciers québécois », dans *Québec français*, n° 105, printemps 1997, p. 70-73.

GIRARD, Marie-Claire, « Tout le plaisir d'écrire », dans *Le Devoir*, Montréal, 12 mai 1996, cahier D, p. 1.

MAILHOT, Laurent, *La Littérature québécoise*, coll. « Que sais-je ? », n° 1579, Paris, P.U.F., 1974, 128 p.

ROY, Gabrielle, *La Détresse et l'enchantement*, Montréal, Éditions du Boréal, 1984, 412 p.

La précision et la clarté de vos références augmentent la crédibilité de votre texte.

Lorsqu'il y a lieu de citer un **document électronique**, on utilise le protocole suivant :

- le **nom** de l'auteur du document (organisme ou particulier dans le cas d'une page personnelle) ; le NOM est en lettres majuscules et le prénom en minuscules ;

- le **titre** de la page d'accueil ou de l'ouvrage en italique ;

- le **titre** de l'article ou des liens (ces derniers, dans l'ordre de consultation) mis entre guillemets ;

- le type de **support** entre crochets : [en ligne], [cédérom] [disquette d'ordinateur], etc.

Pour [en ligne] :

- indiquer l'**adresse URL** en **<u>souligné et en gras</u>** ;
- à l'intérieur des crochets et précédée d'une virgule, donner la **date** de la consultation par l'usager : le jour, le mois, l'année.

Note : Ne pas terminer l'adresse URL (*Uniform Resource Locator*) par un point afin d'éviter toute confusion sur l'adresse électronique dans laquelle le point a une fonction spécifique.

Exemples :

UNIVERSITÉ LAVAL, *Bienvenue à la bibliothèque de l'Université Laval*, « Documents électroniques », « Comment citer un document électronique ? », [en ligne, 28 octobre 1997], **http//www.bibl.ulaval.ca/doelec**

COURT-PEREZ, Françoise, « À quoi rêvent les jeunes filles », dans Jean-Pierre de BEAUMARCHAIS et Daniel COUTY, *Dictionnaire des œuvres littéraires de langue française*, [cédérom], coll. « Référence texte », Liris interactive et Bordas, 1996.

Chapitre 6

L'INTRODUCTION

QU'EST-CE QUE RÉDIGER UNE DISSERTATION ?

La rédaction d'une dissertation est un acte de communication écrite. Le rédacteur doit donc se plier au code linguistique en respectant l'usage sanctionné par la grammaire et par le dictionnaire. Un niveau de langue neutre et soutenu est exigé.

Quand rédiger ?

La rédaction de la dissertation est une opération particulière et distincte. On ne doit entamer la rédaction d'une dissertation qu'après avoir complété la **documentation** et qu'après avoir élaboré le **plan** détaillé d'autre part.

Dans quel ordre rédiger ?

Vous rédigez d'abord les paragraphes de développement. Puis, dans l'ordre, l'**introduction** et la **conclusion**. Ainsi, vous vous assurez que ces deux parties sont conformes à la logique de votre développement.

Pour qui rédiger ?

En rédigeant une dissertation, vous devez avoir le souci du destinataire. Souvent, la dissertation est un exercice scolaire : vous vous adressez alors à un professeur que vous connaissez et qui vous connaît. Vous partagez des connaissances et des objectifs communs. Votre communication en tient compte. Ne jamais s'attendre, cependant, à ce que le professeur accepte de comprendre à demi mot. Vous devez toujours considérer que vous vous adressez à un profane, à un lecteur qui n'est pas un expert dans le domaine que vous traitez.

La dissertation est parfois une épreuve d'admission ou de classement. Vous vous adressez alors à un lecteur, ou à un correcteur, anonyme. Dans ce cas, soyez bien informé des intentions et des objectifs du destinataire, de même que des critères d'évaluation. Tous vos propos doivent être explicites, la logique de votre raisonnement facilement repérable et vos sources clairement identifiées.

Dans tous les cas, votre dissertation tient rigoureusement compte des consignes et des contraintes que le sujet vous impose.

COMMENT RÉDIGER UNE DISSERTATION

Modèle 1

Énoncé du sujet : Dans *L'Existentialisme est un humanisme*, Jean-Paul Sartre affirme que : « Le lâche se fait lâche et le héros se fait héros : on ne naît ni lâche ni héros. » Cette affirmation s'applique-t-elle à Alain Dubois, le héros de *Poussière sur la ville* d'André Langevin ?

Analyse du sujet :

Thème	*La responsabilité.*
Point de vue	*Chaque individu porte l'entière responsabilité de son destin, quel qu'il soit.*

→

Consignes	*Vérifier si le point de vue sur la responsabilité défendu par J.-P. Sartre s'applique au personnage Alain Dubois.*
Objet	*André Langevin,* Poussière sur la ville.
Question	*Alain Dubois est-il responsable de sa lâcheté et de son héroïsme ?*

La littérature québécoise des années cinquante illustre bien l'incertitude d'une société qui, tenue à l'écart des grands bouleversements sociaux du XXe siècle, tente de trouver sa place dans un monde moderne qui chambarde ses traditions. André Langevin, auteur de *Poussière sur la ville*, s'inspire de l'existentialisme pour créer un personnage au diapason des hésitations d'une société qui ne peut éviter les changements majeurs. Dans *L'Existentialisme est un humanisme*, Jean-Paul Sartre affirme que chacun est libre de ses choix et responsable de ses actes. C'est bien ce qu'illustre Langevin dans son roman. En effet, Alain Dubois, lâche dans les deux premières parties du roman, se révèle, dans la troisième partie, un héros prêt à affronter tous les défis. Il confirme ainsi l'affirmation de Sartre : dans l'un comme dans l'autre cas, Alain Dubois « se fait » seul en modelant son propre destin.

En premier lieu, plus on avance dans la lecture de *Poussière sur la ville*, plus on est en mesure de constater qu'Alain Dubois correspond à la définition que donne l'existentialisme du lâche. Il accepte passivement d'être manipulé par son entourage. Sa lâcheté est à son apogée lorsqu'il laisse Madeleine inviter son amant dans sa propre maison, sans même s'insurger contre une telle pratique. Au lieu de se révolter, il se réfugie dans son bureau et se noie dans le whisky. Boire devient alors une façon de fuir une réalité trop dure à accepter parce qu'il se juge incapable de la changer. Alain donne encore une preuve de sa passivité lorsqu'il permet que d'autres déterminent le cours de son existence. Pour régler ses besoins d'argent, il fait appel au commerçant Prévost. Il lui abandonne les créances de ses clients, lui concédant ainsi la mainmise sur son budget. L'homme d'affaires pourra alors manipuler son obligé, au besoin par le chantage. Le fait qu'Alain ne se révolte pas contre son destin le confirme dans son statut de lâche.

Toutefois, le personnage principal de *Poussière sur la ville* sera complètement transformé par la mort de sa femme, Madeleine. L'être velléitaire se charge subitement d'une tâche héroïque. Après une absence de quelques mois, le Dr Dubois revient à Macklin en se donnant comme objectif de regagner l'estime de la population qui l'a rejeté. Contre toute prudence, il rouvre son cabinet de consultation : « Je resterai, contre toute la ville. Je les forcerai à m'aimer. [...] J'ai un beau métier où la pitié peut sourdre sans cesse sans qu'on l'appelle. Je continue le combat [1]. » Pour la première fois, nous avons l'impression qu'Alain regarde vers l'avenir et qu'il est convaincu qu'il va réussir ce qu'il entreprend. Et pour cela, il ira même jusqu'à violenter le sort qui l'accable. En effet, lorsque le docteur Lafleur et Kouri, les seuls amis qu'Alain a conservés, tentent de le dissuader de se fixer à Macklin, Alain passe outre à leurs recommandations :

---

1.   André LANGEVIN, *Poussière sur la ville*, Saint-Laurent, Éditions Pierre Tisseyre, 1972, p. 209.

« Je sors de ma stupeur enfin, je cesse de vivre au ralenti[2]. »
À partir de ce moment, Dubois reprend les guides de son
destin et assume sa liberté car personne d'autre que lui-
même n'intervient dans sa décision : le voilà devenu héros.

Qu'il soit lâche ou qu'il soit héros, nous réalisons que
dans les deux cas, le docteur Dubois répond à l'idée que
l'existentialisme se fait de la responsabilité. Effectivement,
le jeune médecin ne peut accuser personne d'être la cause
de ses échecs. Ni la ville, ni les notables, ni Richard, ni
même Madeleine ne sont responsables de sa passivité. Le
docteur Dubois aurait pu modifier sa situation s'il l'avait
voulu, s'il s'était révolté au lieu de s'évader dans le whisky
pour oublier ses malheurs. En fait, l'alcool lui a causé plus
de problèmes qu'il n'en a réglé. C'est parce qu'il était, lors
d'un accouchement, dans un état avancé d'ébriété que
toute la ville s'est mise à douter de ses compétences. D'un
autre côté, quand il décide d'agir, il est également le seul
maître de son défi : sauver les hommes et les amener à l'aimer. Cette affirmation prend tout son sens lorsqu'Alain
décide d'accoucher Marie Théroux sans l'aide que lui propose, pour le soutenir, le docteur Lafleur. Peu importe les
suites de l'accouchement, le nouveau missionnaire de Macklin
supporte les conséquences de ses actes. Seul garant de sa
réussite ou de son échec, Alain Dubois assume pleinement
sa vie.

En dernière analyse, l'attitude d'Alain Dubois est
une bonne illustration de l'aphorisme de Jean-Paul Sartre :

---

2. *Ibid.*, p. 208.

« Le lâche se fait lâche et le héros se fait héros : on ne naît ni lâche, ni héros. » Dominé par les autres, le jeune médecin assiste passivement à cette longue déchéance qui le conduit jusqu'au suicide de Madeleine et jusqu'à sa fuite de Macklin. Décidé, par contre, à se reprendre en main, il change de cap. Il sera le héros qui sauvera la ville de Macklin de ses malheurs. Dans un cas comme dans l'autre, Dubois est seul responsable de ce qui lui arrive. Par son roman, Langevin a voulu critiquer la société de son époque. Dans les années 50, il n'était pas facile de lutter contre le conservatisme de la société ni d'imposer sa vision du monde. Ce ne l'est pas non plus de nos jours. La lâcheté est un moyen d'éviter ou de contourner les obstacles qui nous assaillent. Quant à l'héroïsme, il est difficile à assumer. Mais quelle joie et quelle récompense attendent celui qui brave l'effort, affronte son malheur et décide de son destin.

Modèle 1 : Analyse

Sujet : Dans *L'Existentialisme est un humanisme*, Jean-Paul Sartre affirme que : « Le lâche se fait lâche et le héros se fait héros : on ne naît ni lâche ni héros. » Cette affirmation s'applique-t-elle à Alain Dubois, le héros de *Poussière sur la ville* d'André Langevin ?

Légende :

Gras	Le plan général de la dissertation
Petites majuscules	L'élément essentiel dans l'objet d'analyse. Dans l'illustration, le fait, l'exemple.
[ ]	Les marqueurs de relation.
{ }	Les transitions

INTRODUCTION

Sujet amené

La littérature québécoise des années cinquante illustre bien l'incertitude d'une société qui, tenue à l'écart des grands bouleversements sociaux du XXe siècle, tente de trouver sa place dans UN MONDE MODERNE QUI CHAMBARDE SES TRADITIONS.

Sujet posé

André Langevin, auteur de *Poussière sur la ville*, s'inspire de l'existentialisme pour créer un personnage au diapason des hésitations d'une société qui ne peut éviter les changements majeurs. Dans *L'Existentialisme est un humanisme*, Jean-Paul Sartre affirme que CHACUN EST LIBRE DE SES CHOIX ET RESPONSABLE DE SES ACTES. C'est bien ce qu'illustre Langevin dans son roman.

Sujet divisé

[En effet], Alain Dubois, LÂCHE dans les deux premières parties du roman, se révèle, dans la troisième partie, un HÉROS prêt à affronter tous les défis. Il confirme ainsi l'affirmation de Sartre : dans l'un comme dans l'autre cas, Alain Dubois « SE FAIT » SEUL en modelant son propre destin.

DÉVELOPPEMENT

Paragraphe 1

Idée principale

[En premier lieu], plus on avance dans la lecture de *Poussière sur la ville*, plus on est en mesure de constater qu'Alain Dubois correspond à la définition que donne l'existentialisme du LÂCHE.

1re idée secondaire

Il ACCEPTE PASSIVEMENT d'être manipulé par son entourage.

Illustration

Sa lâcheté est à son apogée lorsqu'IL LAISSE MADELEINE INVITER SON AMANT DANS SA PROPRE MAISON, sans même s'insurger contre une telle pratique. Au lieu de se révolter, il se réfugie dans son bureau et se noie dans le whisky. Boire devient alors une façon de fuir une réalité trop dure à accepter parce qu'il se juge incapable de la changer.

2e idée secondaire

Alain donne [encore] une preuve de sa passivité lorsqu'IL PERMET QUE D'AUTRES DÉTERMINENT LE COURS DE SON EXISTENCE.

Illustration

Pour RÉGLER SES BESOINS D'ARGENT, IL FAIT APPEL AU COMMERÇANT PRÉVOST. Il lui abandonne les créances de ses clients, lui concédant ainsi la mainmise de son budget. L'homme d'affaires pourra alors manipuler son obligé, au besoin par le chantage.

Clôture

Le fait qu'Alain ne se révolte pas contre son destin LE CONFIRME DANS SON STATUT DE LÂCHE.

Paragraphe 2

Idée principale

{[Toutefois], le personnage principal de *Poussière sur la ville* sera complètement transformé par la mort de sa femme, Madeleine.} L'être velléitaire se charge subitement d'UNE TÂCHE HÉROÏQUE.

1re idée secondaire

Après une absence de quelques mois, le Dr Dubois revient à Macklin en se donnant comme objectif de REGAGNER L'ESTIME DE LA POPULATION qui l'a rejeté.

Illustration

Contre toute prudence, il rouvre son cabinet de consultation : « Je resterai, contre toute la ville. JE LES FORCERAI À M'AIMER. [...] J'ai un beau métier où la pitié peut sourdre sans cesse sans qu'on l'appelle. Je continue le combat. » Pour la première fois, nous avons l'impression qu'Alain regarde vers l'avenir et qu'il est convaincu qu'il va réussir ce qu'il entreprend.

2e idée secondaire

[Et pour cela], il ira même jusqu'à VIOLENTER LE SORT qui l'accable.

Illustration

[En effet], lorsque le docteur Lafleur et Kouri, les seuls amis qu'Alain a conservés, tentent de le dissuader de se fixer à Macklin, Alain passe outre à leurs recommandations : « JE SORS DE MA STUPEUR enfin, je cesse de vivre au ralenti. »

Clôture

À partir de ce moment, Dubois REPREND LES GUIDES DE SON DESTIN ET ASSUME SA LIBERTÉ car personne d'autre que lui-même n'intervient dans sa décision : le voilà devenu héros.

Paragraphe 3

Idée principale

{Qu'il soit lâche ou qu'il soit héros}, nous réalisons que dans les deux cas, le docteur Dubois répond à l'idée que l'existentialisme se fait de LA RESPONSABILITÉ.

1re idée secondaire

[Effectivement], LE JEUNE MÉDECIN NE PEUT ACCUSER PERSONNE D'ÊTRE LA CAUSE de ses échecs.

Illustration

Ni la ville, ni les notables, ni Richard, ni même Madeleine ne sont responsables de sa passivité. Le docteur Dubois aurait pu modifier sa situation s'il l'avait voulu, s'il s'était révolté au lieu de s'évader dans le whisky pour oublier ses malheurs. En fait, l'alcool lui a causé plus de problèmes qu'il n'en a réglé. C'EST PARCE QU'IL ÉTAIT, LORS D'UN ACCOUCHEMENT, DANS UN ÉTAT AVANCÉ D'ÉBRIÉTÉ que toute la ville s'est mise à douter de ses compétences.

2e idée secondaire

[D'un autre côté], quand il décide d'agir, il est également LE SEUL MAÎTRE DE SON DÉFI : sauver les hommes et les amener à l'aimer.

Illustration

Cette affirmation prend tout son sens lorsqu'Alain décide d'ACCOUCHER MARIE THÉROUX SANS L'AIDE QUE LUI PROPOSE, POUR LE SOUTENIR, LE DOCTEUR LAFLEUR. Peu importe les suites de l'accouchement, le nouveau missionnaire de Macklin supporte les conséquences de ses actes.

Clôture

Seul garant de sa réussite ou de son échec, ALAIN DUBOIS ASSUME PLEINEMENT SA VIE.

CONCLUSION

Réponse à la question

[En dernière analyse], l'attitude d'Alain Dubois est une bonne illustration de l'aphorisme de Jean-Paul Sartre : « LE LÂCHE SE FAIT LÂCHE ET LE HÉROS SE FAIT HÉROS : ON NE NAÎT NI LÂCHE, NI HÉROS. »

Synthèse

Paragraphe 1

DOMINÉ PAR LES AUTRES, le jeune médecin assiste passive-ment à cette longue déchéance qui le conduit jusqu'au suicide de Madeleine et jusqu'à sa fuite de Macklin.

Paragraphe 2

DÉCIDÉ, [par contre], À SE PRENDRE EN MAIN, il change de cap. Il sera le héros qui sauvera la ville de Macklin de ses malheurs.

Paragraphe 3

[Dans un cas comme dans l'autre], DUBOIS EST SEUL RESPONSABLE de ce qui lui arrive.

Ouverture

Par son roman, Langevin a voulu critiquer la société de son époque. Dans les années 50, il n'était pas facile de lutter contre le conservatisme de la société ni d'imposer sa vision du monde. Ce ne l'est pas non plus de nos jours.

LA LÂCHETÉ EST UN MOYEN D'ÉVITER OU DE CONTOURNER LES OBSTACLES QUI NOUS ASSAILLENT. QUANT À L'HÉROÏSME, IL EST DIFFICILE À ASSUMER. [Mais] quelle joie et quelle récompense attendent celui qui brave l'effort, affronte son malheur et décide de son destin.

Modèle 2

Énoncé du sujet : La littérature engagée est-elle une littérature populaire ? Justifiez votre réponse à l'aide du poème « Melancholia » de Victor Hugo et de *L'Afficheur hurle* de Paul Chamberland.

Analyse du sujet :

Thème	*La littérature engagée.*
Point de vue	*Comparer la littérature engagée et la littérature populaire.*
Consignes	*Justifier la réponse à la question en s'appuyant sur l'étude des textes proposés.*
Objet	*Victor Hugo, « Melancholia » ;* *Paul Chamberland, L'Afficheur hurle.*
Question	*Les textes de Victor Hugo et de Paul Chamberland peuvent-ils être identifiés à de la littérature populaire?*

L'ART UTILE

Il existe deux grandes conceptions de l'art. Pour les partisans de l'art pour l'art, il ne peut y avoir d'autre contrainte que celle de la recherche de la beauté pure.

D'autres artistes rétorquent que toute production artistique doit servir la société, doit être utile. Ainsi, certains écrivains décident-ils de placer leur talent et leur métier au service du peuple pour lui donner des modèles ou pour le défendre. Dans leur cas, on parle de littérature engagée.

Cependant, ce n'est pas parce qu'une littérature a la prétention d'être solidaire des classes défavorisées qu'elle peut être pour autant qualifiée de littérature populaire.

Bien sûr, la littérature engagée parle de la situation du peuple ; souvent, même, elle en utilise le langage. Pourtant, le niveau élevé de son discours et l'érudition de ses références culturelles ne peuvent être accessibles aux non-instruits. Cette contradiction apparente disparaît lorsque l'on comprend que la littérature engagée s'adresse surtout à des intellectuels.

Les classes défavorisées

De toute évidence, la littérature engagée vise à exprimer la réalité et les frustrations sociales des pauvres et des malheureux. Dans *L'Afficheur hurle*, pour parler du peuple, Chamberland utilise un langage parfois vulgaire, souvent familier. Il veut que « le poème se défigure, que le poème s'appopulace[1]. » Pour y arriver, il utilise le patois des gens ordinaires, de la minorité francophone dans une Amérique du Nord anglophone. Il ne se gêne pas pour introduire dans son texte quelques sacres spécifiques comme « crisse de

---

1. Paul CHAMBERLAND, *L'Afficheur hurle*, coll. « Typo poésie », n°3, Montréal, L'Hexagone, 1985, p. 128.

câlisse de tabarnac[2] », ou des expressions typiques telles que « je flambe ce crisse de pays pour dix cennes de robine[3] ».

Plus encore que par la langue, c'est par la dénonciation de l'exploitation que l'écrivain engagé se fait porte-parole du peuple, comme on peut le voir dans le poème « Melancholia ». Victor Hugo y condamne le travail des enfants dans la France industrialisée du XIXe siècle :

Où vont tous ces enfants dont pas un seul ne rit ?
Ces filles de huit ans qu'on voit cheminer seules ?
Ils s'en vont travailler quinze heures sous des meules[11].

Hugo croit que le poète a une « fonction » sociale : ce parti pris est assez évident dans cette dénonciation d'un des pires fléaux dont souffre l'humanité et auquel l'écrivain ne peut rester insensible. Ainsi, la littérature engagée va chercher son inspiration au cœur même des problèmes et des angoisses des classes prolétariennes.

Une littérature savante

Pour étayer son plaidoyer, l'écrivain engagé puise ses arguments dans la situation des classes défavorisées. Cependant, son texte est aussi souvent truffé de références inaccessibles aux non-instruits. Le vocabulaire des auteurs se révèle souvent très recherché. Comment croire que des mots comme « brachycéphale », « colostrum », « hydrolyse[5] »

---

2. *Ibid.*, p. 134.

3. *Ibid.*, p. 136.

4. Victor HUGO, « Melancholia » dans *Les Contemplations*, coll. « Univers des lettres Bordas », Paris, Bordas, 1984, p.98.

5. Paul CHAMBERLAND, *L'Afficheur hurle*, p. 126.

soient à la portée du premier venu ? Une proposition aussi obscure que « les turbines hallucinées de l'insomnie taraudant mes vertèbres[6] » atteste un style littéraire soutenu.

De plus, les données historiques ou culturelles auxquelles les textes font allusion exigent une lecture avisée. Quand Victor Hugo évoque Apollon ou Voltaire pour nous parler des talents assassinés par le travail précoce, on peut être sûr que seul un lecteur instruit déchiffre la métaphore. Il en est de même lorsque Chamberland nous parle de Dorchester, Colborne, Durham d'une part et de Mingus, Coltrane, Hamilton, Virgile et Marx d'autre part. Le lecteur saute sans transition de l'histoire nationale à l'histoire universelle en passant par la culture afro-américaine : il faut être capable de saisir la portée de toutes ces références. Pas de doute, nous avons ici affaire à une littérature sophistiquée.

Pour des intellectuels

Chamberland et Hugo s'inspirent de la situation des opprimés, mais le niveau savant de leur discours montre qu'ils s'adressent à des intellectuels. Soucieux de vraisemblance, les écrivains engagés puisent leurs arguments dans la culture populaire. Lorsque Chamberland parle des tavernes et des taudis de la ruelle Saint-Christophe ou de sa faim de « sous-développé à faux luxe, [sa] misère à bagnole de l'année à frigo à tévé à paradis artificiels nicklés[7] », cela donne

---

6. *Ibid.*, p. 133.

7. *Ibid.*, p. 106.

une teinte de vérité à sa poésie. Il montre qu'il connaît les lieux que fréquentent les plus démunis de la ville de Montréal, là où se passent les vrais événements, là où l'exploitation de l'homme par l'homme donne ses pires résultats.

Désireux de convaincre ses pairs, l'intellectuel engagé avancera une analyse et une interprétation rigoureuse de la situation des opprimés afin de convaincre les intellectuels de s'engager dans la défense du peuple. Quand Chamberland affirme que le ministre de la Justice Claude Wagner n'est qu'un roi nègre au service de General Motor ou de Sa Gracieuse Majesté, il se fait analyste politique et son discours doit amener le lecteur à le suivre dans son engagement. Il en est de même dans sa condamnation de l'Église catholique dont le pape devient le « grand Bouffeur de l'Éternel Empiffré ». C'est aussi par un simple jeu oratoire que Victor Hugo interpelle le casseur de cailloux en ces termes :

Tu gagnes dans ton jour juste assez de pain noir
Pour manger le matin et pour jeûner le soir[8].

Il s'agit ici de sensibiliser et d'émouvoir le lecteur. Ainsi, par le biais d'une culture populaire savamment exploitée, la littérature engagée veut-elle surtout convaincre les intellectuels de prendre le parti du peuple.

Mais la littérature engagée n'est pas une littérature populaire pour autant. Si elle utilise la culture populaire, ses

---

8. Victor HUGO, « Melancholia », p. 100.

fréquentes références à la culture savante, ses analyses fouillées et son style littéraire font d'elle une littérature d'intellectuels pour intellectuels.

Plus d'un siècle, et quelques milliers de kilomètres ! séparent Victor Hugo de Chamberland. Tous deux se rejoignent cependant dans le désir de convaincre les plus lucides de leurs contemporains de se mettre au service des classes laborieuses. Libérer les peuples, est-ce là la mission de la littérature ? Il est évident que nous soulevons là un débat que l'histoire n'a pas encore su trancher. Et puis, si les écrivains peuvent se faire les chantres de nos malheurs, ne peuvent-ils aussi nous en distraire. Avec un roman policier, peut-être ?

EXERCICE 16

Procédez à l'analyse de cette dissertation en vous inspirant du modèle donné aux pages 77 à 83.

Chapitre 9

LA PRÉSENTATION MATÉRIELLE

Nous vous présentons une grille de révision de votre travail afin de le rendre conforme aux exigences de la rédaction et à celles de votre correcteur. Il s'agit simplement, ici, de vérifier si chacun des éléments que doit contenir une dissertation est bien traité et, le cas échéant, de corriger les lacunes et les erreurs.

Vous avez grand avantage à procéder à cet examen qui vous permet d'effectuer une mise au point de votre rédaction pour vous assurer qu'elle rencontre tous les objectifs du travail et qu'elle est en tout point adéquate à l'intention que vous aviez en écrivant.

GRILLE D'AUTOÉVALUATION

L'introduction

Le sujet est-il **amené** de façon à ce que le lecteur saisisse facilement le domaine auquel se rattache le thème principal du sujet ?

- Le passage du sujet amené au sujet posé se fait-il naturellement et logiquement ? Au besoin, insérer une phrase de transition.

Le sujet est-il clairement **posé** ?

- La reprise de l'énoncé du sujet, ou sa transcription en ses propres mots, donne-t-elle un aperçu évident de l'idée directrice du travail ?
- Le point de vue personnel, le cas échéant, est-il énoncé de façon évidente ?

Le sujet est-il **divisé** ?

• L'idée principale de chaque paragraphe est-elle annoncée ?

Le développement

• Les trois idées principales développent-elles, de façon explicite, tous les aspects proposés par le sujet ?

• Les trois idées principales forment-elles une séquence logique démonstrative ?

• Les trois idées principales conduisent-elles à une position claire ou, selon le cas, à un jugement critique ?

• Les idées principales sont-elles reliées entre elles par des transitions qui aident le lecteur à suivre l'enchaînement logique des idées ? Leur progression conduit-elle logiquement à la conclusion ?

• Le titre de la dissertation suggère-t-il à la fois l'idée directrice et le point de vue du rédacteur ?

Les paragraphes

Paragraphe 1

Grâce au marqueur de relation ou à d'autres tournures, la transition est-elle appropriée et justifiée ?

Cette transition signale-t-elle la progression ou l'évolution de la démonstration ?

L'IDÉE PRINCIPALE

– L'idée énoncée est-elle claire ?

– L'idée développe-t-elle un aspect du sujet ?

– La phrase (ou les phrases) qui exprime l'idée est-elle économique (le moins de mots possibles pour le plus de sens possible dans une phrase qui reste claire et complète) ?

LES IDÉES SECONDAIRES

– Chaque idée secondaire de votre paragraphe analyse-t-elle (de façon partielle ou complète) un aspect important de l'idée principale soutenue ?

– Une formule de transition ou un marqueur de relation exprime-t-il, au besoin, la relation que les idées secondaires présentées entretiennent entre elles ?

– La progression ou l'évolution de la démonstration est-elle signalée ou suggérée clairement dans l'énoncé de l'idée secondaire ?

LES ILLUSTRATIONS

Les exemples ou les citations (l'exemple ou la citation peut précéder ou suivre le commentaire)

– Chacun des exemples (citations) est-il judicieusement choisi (riche de sens, explicite et probant) ?

– Chacun des exemples (citations) est-il pertinent eu égard à l'idée principale et à l'idée secondaire qu'il soutient ?

Les commentaires (le commentaire peut précéder ou suivre l'exemple ou la citation)

– Le commentaire est-il éclairant : aide-t-il le lecteur à saisir la nécessité de l'exemple ?

– Le commentaire explicite-t-il le sens à donner à l'exemple ?

– Le commentaire établit-il avec évidence le lien entre l'exemple commenté et l'idée principale défendue ?

LA CLÔTURE

- La clôture signale-t-elle clairement la fin du paragraphe ?
- La clôture donne-t-elle le sens que l'on doit retenir de ce paragraphe ?
- Au besoin, la clôture favorise-t-elle la transition vers l'idée principale suivante ?

Paragraphe 2

Même protocole que pour le paragraphe 1.

Paragraphe 3

Même protocole que pour le paragraphe 1.

Le contenu littéraire

L'histoire de la littérature

- Les références à l'histoire ou aux courants littéraires sont-elles exactes?
- Les références à l'histoire ou aux courants littéraires sont-elles appropriées ?
- Les références à l'histoire ou aux courants littéraires sont-elles en relation avec les œuvres ou les textes touchés par le sujet ?

Les œuvres, les textes et les auteurs

- Les références aux œuvres, aux textes ou aux auteurs sont-elles exactes ?
- Les références aux œuvres, aux textes ou aux auteurs sont-elles appropriées?

La conclusion

- Le sujet, l'hypothèse de départ (le sujet posé), est-il **rappelé** clairement ?
- La clôture de chacun des paragraphes est-elle reprise dans une **synthèse** qui résume toute la dissertation ?
- Cette synthèse est-elle complète, évidente et facile à saisir ?
- La conclusion du travail débouche-t-elle sur une **ouverture** de la question soulevée par le sujet vers d'autres débats, d'autres aspects plus larges ?
- Cette ouverture est-elle pertinente ?
- Cette ouverture est-elle cohérente ?

La présentation matérielle

Voir le chapitre 9.

EXERCICE 17

Voici une très bonne dissertation sur l'étude de la condition féminine dans une pièce de théâtre de Marie Laberge. D'abord, procédez à l'analyse de cet exemple selon le modèle 1 donné à la page 77.

Ensuite, à l'aide du protocole de révision donné dans les pages précédentes, faites une révision minutieuse de chacun des éléments de la dissertation. Vérifiez bien la qualité de tous ces points, critiquez-les, corrigez-les au besoin ou améliorez-les si possible.

E
X
E
R
C
I
C
E

LA LIBÉRATION DE LA FEMME

La situation de la femme n'a pas toujours été aussi aisée que celle que nous vivons aujourd'hui. En effet, les femmes d'hier se sont battues longtemps afin d'en arriver à la libération dont nous, les femmes d'aujourd'hui, bénéficions. Ceci expose fort bien le thème qui est au centre de la pièce *C'était avant la guerre à l'Anse à Gilles* de Marie Laberge. Nous verrons d'abord la situation des femmes d'hier avant leur libération. Ensuite, nous étudierons la volonté de libération qui anime Marianna.

Sans contredit, la pièce évoque la situation que vivaient les femmes avant leur libération. À cette époque, la société mettait les femmes de côté et les rabaissait beaucoup, comme dans le cas de Rosalie. Tout d'abord, la société considère que les femmes doivent rester à leur place et ne pas trop s'imposer. Par exemple, elles sont considérées comme étant inférieures aux hommes : « C'est ça : viens donc dire qu'on s'rait mieux qu'les hommes ! T'es pas extravagante en monde[1] ! » De plus, les femmes étaient obligées de se marier pour ne pas être mal vues : « Des sans desseins ! Quand t'es même pas capable de t'trouver un mari, laisse-moi t'dire que t'es pas bonne à grand-chose[2]. » Il va sans dire qu'au niveau de la politique, on ne tenait pas compte de leur avis et qu'elles ne devaient pas s'en mêler :

Qué cé qu'on a tant besoin d'voter, nous aut' ? C'est pas nos afféres : l'curé l'a dit encôr la s'maine passée : l'Église est pas pour

---

1. Marie LABERGE, *C'était avant la guerre à l'Anse à Gilles*, Montréal, VLB éditeur, 1981, p. 53.

2. *Ibid.*, p. 36.

ça, les discussions politiques c'est pas pour les femmes, c'est trop échauffant, pis avoir le droit d'vote ça va nous monter à tête, ça[3].

Ainsi, le cas de Rosalie illustre bien la situation qu'ont vécue plusieurs femmes de l'époque. D'abord, son origine et son peu d'éducation la placent au bas de l'échelle sociale : « Une pauv' fille qu'on sait pas d'où ça sort. Pas yable dégourdie entendre parler qu'a f'rait ben jusse l'afère chez ses patrons[4]. » De plus, dans la maison où elle travaille comme bonne, elle est considérée comme une esclave : « Y a dit qu'les bonnes, fallait qu'ça reste à sa place, pis qu'ça r'garde pas plus haut[5]. » Aussi, la naïveté de Rosalie permet à son maître de l'agresser aisément :

> Y m'lichait, y puait, y m'mordait dans bouche, partout... pis là, là, y a mis ses mains en d'sour, en d'sour, pis y a touché... fort... pis y faisait des bruits, comme une bête, pis j'avais peur[6].

Bref, les femmes de cette époque vivaient une situation bien difficile.

Enfin, Marianna possède une très grande volonté de libération. Elle recherche une certaine libération pour elle-même et pour les autres femmes. Ainsi, Marianna tente de rester assez indépendante de la société. Elle gagne sa vie elle-même afin de garder sa maison : « Mais j'ai ma maison, j'resse sus l'bien familial. J'aurais pu la vendre, mais j'aime

---

3. *Ibid.*, p. 89.

4. *Ibid.*, p. 43.

5. *Ibid.*, p. 103.

6. *Ibid.*, p. 104.

autant travailler pis la garder[7]. » Marianna possède une
conception du mariage qui représente bien son esprit de
libération de la femme : « Ben moé, à mon idée, c'est possible qu'une parsonne aye pas envie de s'marier. Qu'a soye
pas intéressée que j'dirais, pas jusse pas d'mandée[8]. » Aussi,
elle a parfois le goût de partir ailleurs, vers l'inconnu : « Din
fois, l'envie m'prend de toute sacrer là pis d'm'en
aller loin, ben loin d'l'ordinaire, d'la vie d'toué jours, de c'te
carcan-là[9]. » Puis, Marianna défend une position très libé-
ratrice pour toutes les femmes. D'abord, du côté politique,
elle souhaite ardemment que les femmes aient le droit de
vote : « Ben moé, j'ai parsonne à influencer, pis j'aimerais
autant voter de moi-même, c'est plus sûr[10]. » Surtout,
Marianna ne veut plus que des femmes innocentes, comme
Rosalie, fassent abuser d'elles :

> J'veux pas élever des enfants dans un passé qui dit
> qu'monsieur peut battre pis violer sa sarvante sans s'inquié-
> ter ; j'veux pus voir des Rosalie défaites pis brisées pour
> toujours parce que c'est la loi du désir pis d'l'homme[11].

C'est pourquoi Marianna décide qu'elle et Rosalie vont s'ar-
ranger elles-mêmes, ensemble :

> Tu vas rester avec moé. Mais tu s'ras pus une sarvante,
> ça, pus jamais. [...] Pis crains pas, on a eu d'l'endurance à date
> pour la misére pis les avés, on n'aura ben pour s'patenter
> d'quoi sans s'fére pilasser[12].

---

7. *Ibid.*, p. 24.

8. *Ibid.*, p. 37.

9. *Ibid.*, p. 49.

10. *Ibid.*, p. 89.

11. *Ibid.*, p. 116.

12. *Ibid.*, p. 119.

Somme toute, Marianna est une femme décidée, qui a su garder son indépendance et tenir tête à la société, malgré les difficultés que cela a pu représenter pour elle.

Les femmes d'hier ont dû se battre pour obtenir la libération dont nous bénéficions aujourd'hui. Voilà ce qui se dégage de la pièce *C'était avant la guerre à l'Anse à Gilles.* Une œuvre qui nous présente ce que les femmes subissaient à cette époque et l'esprit de libération de certaines d'entre elles. Ce texte nous fait prendre conscience des actions libératrices qui germaient dans la tête de certaines femmes de cette époque. Mais, de nos jours, cette indépendance féminine est-elle vraiment atteinte ?

Tableau 1
TYPOLOGIE DE LA DISSERTATION

TYPES	DÉMARCHES	COMPÉTENCES	SUJETS
Dissertation explicative	montrer illustrer justifier expliquer dégager décrire démontrer	lecture analyse synthèse organisation argumentation écriture	*Dans* Bonheur d'occasion, *Gabrielle Roy montre que chacun est libre d'échapper à son Destin. Justifiez cette affirmation par l'étude des personnages de Florentine Lacasse et de Jean Lévesque.*
Dissertation critique	comparer discuter évaluer estimer apprécier juger critiquer est-il vrai que... ? est-il juste de prétendre que... peut-on conclure que... peut-on affirmer que...	lecture analyse synthèse organisation argumentation comparaison évaluation jugement écriture	*Est-il juste d'affirmer que, dans* Germinal, *l'étude réaliste de deux familles d'origines sociales diamétralement opposées permet à Zola d'illustrer le déterminisme social tel qu'on le comprenait en France à la fin du XIXe siècle ?*
Essai littéraire	étudier examiner explorer interroger scruter commenter discuter débattre répliquer à... que penser de... ?	lecture analyse synthèse organisation argumentation comparaison évaluation culture réflexion personnelle créativité écriture	*Que penser d'un écrivain qui laisse transparaître son engagement social ou politique dans ses œuvres ?*

Tableau 2
LE SUJET

Composantes	Définitions	Illustrations
Thème	Idée, sentiment, sujet dont parle un auteur dans une œuvre, une partie ou un extrait.	*L'espoir*
Point de vue	Manière particulière dont le thème est présenté, évalué, interprété.	*La lecture de la poésie amène le lecteur à envisager l'avenir avec confiance.*
Consignes	Instructions précises et claires qui orientent et limitent la manière de développer un sujet.	*Donner des arguments cohérents et convaincants. Donner des preuves relevant du contenu et de la forme.*
Objet	Ouvrages, textes, situations sur lesquels doit s'appuyer l'analyse du thème imposé.	*« Au ras de la terre » de Gatien Lapointe. « Maudit pays » de Georges Dor. Autres connaissances littéraires pertinentes.*
Question	Reformulation du sujet sous la forme d'une question simple et précise à laquelle répondra toute votre dissertation et plus particulièrement votre conclusion.	*Est-ce que la poésie est toujours porteuse d'espoir ?*

Tableau 3
EXPLORATION DU SUJET

1. LA DÉFINITION	Quel est le **sens précis** de l'idée que le sujet vous propose d'étudier ? Entre toutes les nuances offertes par le dictionnaire sur le sujet, laquelle convient précisément à l'idée que vous aurez à étudier ?
2. L'INTÉRÊT	Quel **intérêt** y a-t-il à étudier cette idée ? Pour – Contre. Quelles sont ses qualités, ses caractéristiques ?
3. L'ANALYSE	Quels **principaux aspects** de cette idée faut-il explorer pour en étudier toute l'étendue ?
4. LA CATÉGORIE	Quelles sont les **idées connexes** au sujet ? Dans l'ensemble de ces idées, quelle place occupe l'idée à étudier ; quelle est sa particularité ? Dans cet ensemble, quelle est son importance relative ?
5. L'ANALOGIE	Quelles sont les idées qui ont quelque **ressemblance** avec l'idée étudiée, qui sont mieux connues et qui peuvent aider à la comprendre ? Quelles sont les idées qui s'y opposent absolument ; qui lui sont contraires ; qui forment antithèse ?
6. L'HYPOTHÈSE	Quels seraient les **inconvénients** ou les absurdités qui résulteraient du contraire de l'idée énoncée ? Omettre de considérer cette idée entraînerait quelles fâcheuses conséquences ?
7. LA CAUSE	Quelles sont les **causes** ou les principes qui expliquent que l'on s'interroge sur l'idée proposée à la réflexion ?
8. L'EFFET	Quels sont les **effets** engendrés par l'idée soulevée ; quelles conséquences les différents aspects de l'idée provoquent-ils ; quelles en sont les retombées ou les suites ?
9. LA SITUATION	Quelles sont les **circonstances** qui rendent l'étude de l'idée pertinente, intéressante, ou nécessaire ? Dans quelles situations l'idée prend-elle toute son importance ?
10. L'ILLUSTRATION	Quels sont les **exemples**, les citations, les témoignages ou les anecdotes qui illustrent ou justifient les différents aspects de l'idée étudiée ?

Tableau 4
CANEVAS DE PARAGRAPHE

Énoncé de l'idée principale du paragraphe
(marqueur de relation, transition) : . . . .
. . . .
. . . .

    Énoncé de la première idée secondaire
    (Présentation de l'idée, marqueur de relation, transition) : . . . .
    . . . .
    . . . .

      Illustration
      Commentaire : . . . .
      . . . .
      . . . .
      Exemple : . . . .
      . . . .
      . . . .

    Énoncé de la deuxième idée secondaire
    (Présentation de l'idée, marqueur de relation, transition) : . . . .
    . . . .
    . . . .

      Illustration
      Commentaire . . . .
      . . . .
      . . . .
      Exemple . . . .
      . . . .
      . . . .
      . . . .

Clôture : sens du paragraphe en relation avec l'idée directrice de la
dissertation . . . .
. . . .
. . . .
. . . .

Tableau 5
PLAN DÉTAILLÉ DE LA DISSERTATION *UN HÉROS RESPONSABLE*

SUJET : Dans *L'Existentialisme est un humanisme*, Jean-Paul Sartre affirme que : « Le lâche se fait lâche et le héros se fait héros : on ne naît ni lâche ni héros. » Cette affirmation s'applique-t-elle à Alain Dubois, le héros de *Poussière sur la ville* d'André Langevin ? (Voir rédaction complète à la page 73.)

INTRODUCTION	DÉVELOPPEMENT			CONCLUSION
	PARAGRAPHE 1	**PARAGRAPHE 2**	**PARAGRAPHE 3**	
Sujet amené *Les années 50 au Québec* *Un monde bouleversé* **Sujet posé** *Chaque homme libre de ses choix* **Sujet divisé** *Alain Dubois lâche* *Alain Dubois héros* *Alain Dubois responsable*	**Idée principale** *Alain Dubois lâche* **1re idée secondaire** *Dubois accepte passivement* **Illustration** **Exemple** *L'amant de Madeleine* **Commentaire** *Fuir la réalité* **2e idée secondaire** *Les autres manipulent Dubois* **Illustration** **Exemple** *Le commerçant Prévost* **Commentaire** *Dubois renonce à gérer son budget* **Clôture** *Un statut de lâche confirmé*	**Idée principale** *Alain Dubois héros* **1re idée secondaire** *Regagner l'estime des gens* **Illustration** **Exemple** *Forcer les gens à l'aimer* **Commentaire** *Confiance en sa réussite* **2e idée secondaire** *Conjurer le sort* **Illustration** **Exemple** *Sortir de sa stupeur* **Commentaire** *Rejeter les conseils* **Clôture** *Un destin assumé*	**Idée principale** *Alain Dubois responsable* **1re idée secondaire** *Responsable de ses échecs* **Illustration** **Exemple** *Ébriété et accouchement* **Commentaire** *Évasion et apathie* **2e idée secondaire** *Maître de ses défis* **Illustration** **Exemple** *Accouchement de Marie T.* **Commentaire** *Supporte seul ses actes* **Clôture** *Garant de sa réussite et de son échec*	**Synthèse** *Dubois dominé par les autres* *Dubois se reprend en main* *Dubois est seul responsable* **Réponse** *Chacun se fait lâche ou héros* **Ouverture** *Imposer sa vision du monde*

Tableau 6
MODÈLE DE PAGE DE TITRE

Prénom NOM
Techniques d'éducation spécialisée

Maître de son destin

Dissertation présentée à
Madame Prénom NOM

Littérature québécoise
(601-103-04)
Département de français

Collège de Sherbrooke
22 mai 1999